Editionen für den Literat[...]
Herausgegeben von Tho[...]

Georg Büchner
Woyzeck

Lese- und Bühnenfassung

mit Materialien, ausgewählt von
Thomas Kopfermann und Hartmut Stirner

Ernst Klett Schulbuchverlag Leipzig
Leipzig Stuttgart Düsseldorf

Die innerhalb des Textes in Fußnoten stehenden Erläuterungen wurden von den Bearbeitern zur leichteren Erschließung des Textes hinzugefügt.

Passend zu diesem Produkt:
Klausurtraining Deutsch – Büchner, Woyzeck AH,
ISBN 978-3-12-352456-1.
Das Arbeitsheft bietet auf 48 Seiten ein Klausurtraining für die Oberstufe zu
– Abiturklausuren üben,
– Interpretationen wiederholen,
– Fachbegriffe nachschlagen.

1. Auflage   1 14 13 12 11 10 | 2014 2013 2012 2011 2010

Alle Drucke dieser Ausgabe können im Unterricht nebeneinander benutzt werden, sie sind untereinander unverändert. Die letzte Zahl bezeichnet das Jahr dieses Druckes.
Der Abdruck folgt – auch hinsichtlich Rechtschreibung und Zeichensetzung – der Ausgabe: Georg Büchner: Sämtliche Werke und Briefe. Historisch-kritische Ausgabe mit Kommentar, hrsg. von Werner R. Lehmann, Band 1. 2. Auflage. München: Carl Hanser 1974: 407–431.

Die Materialien folgen der reformierten Rechtschreibung. Ausnahmen bilden Texte, bei denen künstlerische, philologische oder lizenzrechtliche Gründe einer Änderung entgegenstehen.

Materialien: © Ernst Klett Schulbuchverlag Leipzig GmbH, Leipzig 2004
Internetadresse: www.klett.de
Alle Rechte vorbehalten.

Redaktion: Andrea Höppner, Gaby Leppin
Umschlaggestaltung: Sandra Schneider nach Entwürfen von MetaDesign, Berlin
Umschlagfoto: Thalia Theater Hamburg 2003, Regie: Michael Thalheimer.
Foto: Katrin Ribbe, Hamburg

Druck: Druck Partner Rübelmann, Hemsbach

ISBN: 978-3-12-351611-5

Personen

FRANZ WOYZECK

MARIE

HAUPTMANN

DOCTOR

TAMBOURMAJOR

UNTEROFFICIER

ANDRES

MARGRETH

AUSRUFER vor einer Bude

MARKTSCHREIER im Inneren der Bude

ALTER MANN, der zum Leierkasten singt

KIND, das tanzt

DER JUDE

WIRTH

ERSTER HANDWERKSBURSCH

ZWEITER HANDWERKSBURSCH

KARL, der Idiot

KÄTHE

GROSSMUTTER

ERSTES KIND

ZWEITES KIND

DRITTES KIND

ERSTE PERSON

ZWEITE PERSON

GERICHTSDIENER

ARZT

RICHTER

Soldaten, Studenten, Burschen, Mädchen und Kinder

1 Freies Feld. Die Stadt in der Ferne

WOYZECK *und* ANDRES *schneiden Stöcke im Gebüsch*

WOYZECK: Ja Andres; den Streif da über das Gras hin, da rollt
abends der Kopf, es hob ihn einmal einer auf, er meint's es
5   wär' ein Igel. Drei Tag und drei Nächt und er lag auf den Ho-
belspänen leise Andres, das waren die Freimaurer[1], ich hab's,
die Freimaurer, still!

ANDRES *singt:* Saßen dort zwei Hasen,
          Fraßen ab das grüne, grüne Gras ...
10 WOYZECK: Still! Es geht was!

ANDRES: Fraßen ab das grüne, grüne Gras
          Bis auf den Rasen.

WOYZECK: Es geht hinter mir, unter mir (*stampft auf den Boden*)
hohl, hörst du? Alles hohl da unten. Die Freimaurer!
15 ANDRES: Ich fürcht mich.

WOYZECK: S'ist so kurios still. Man möcht den Athem halten.
Andres!

ANDRES: Was?

WOYZECK: Red was! (*Starrt in die Gegend.*) Andres! Wie hell! Ein
20   Feuer fährt um den Himmel und ein Getös herunter wie Po-
saunen. Wie's heraufzieht! Fort. Sieh nicht hinter dich. (*Reißt
ihn in's Gebüsch.*)

ANDRES *nach einer Pause:* Woyzeck! Hörst du's noch?

WOYZECK: Still, alles still, als wär die Welt todt.
25 ANDRES: Hörst du? Sie trommeln drin. Wir müssen fort.

2 Die Stadt

MARIE *mit ihrem Kind am Fenster.* MARGRETH.
Der Zapfenstreich geht vorbey, der TAMBOURMAJOR *voran.*

MARIE *das Kind wippend auf dem Arm:* He Bub! Sa ra ra ra! Hörst?
30   Da komme sie.

MARGRETH: Was ein Mann, wie ein Baum.

---

1 Internationaler Geheimbund im 18. Jahrhundert. Träger der Aufklärung;
bei der Bevölkerung geheimnisumwittert, mit abergläubischen Vorurtei-
len versehen.

MARIE: Er steht auf seinen Füßen wie ein Löw.
  (Tambourmajor grüßt.)
MARGRETH: Ey, was freundliche Auge, Frau Nachbarin, so was is
  man an ihr nit gewöhnt.
MARIE *singt:*   Soldaten das sind schöne Bursch ...   5
MARGRETH: Ihre Auge glänze ja noch.
MARIE: Und wenn! Trag Sie Ihre Auge zum Jud und laß Sie sie
  putze, vielleicht glänze sie noch, daß man sie für zwei Knöpf
  verkaufe könnt.
MARGRETH: Was Sie? Sie? Frau Jungfer, ich bin eine honette Per- 10
  son, aber Sie, Sie guckt siebe Paar lederne Hose durch.
MARIE: Luder! *(Schlägt das Fenster zu.)* Komm mein Bub. Was die
  Leut wollen. Bist doch nur en arm Hurenkind und machst
  deiner Mutter Freud mit deim unehrliche Gesicht. Sa! Sa!
Singt: Mädel, was fangst du jetzt an?   15
      Hast ein klein Kind und kein Mann.
      Ey was frag ich danach,
      Sing ich die ganze Nacht
      Heyo popeio mein Bu. Juchhe!
      Giebt mir kein Mensch nix dazu.   20

      Hansel spann deine sechs Schimmel an,
      Gieb ihn zu fresse auf's neu.
      Kein Haber fresse sie,
      Kein Wasser saufe sie,
      Lauter kühle Wein muß es seyn. Juchhe!   25
      Lauter kühle Wein muß es seyn.

          Es klopft am Fenster.

MARIE: Wer da? Bist du's Franz? Komm herein!
WOYZECK: Kann nit. Muß zum Verles[2].
MARIE: Was hast du Franz?   30
WOYZECK *geheimnisvoll:* Marie, es war wieder was, viel, steht nicht
  geschrieben: und sieh da ging ein Rauch vom Land, wie der
  Rauch vom Ofen?
MARIE: Mann!

---
2 Appell

5

WOYZECK: Es ist hinter mir gegangen bis vor die Stadt. Was soll das werden?

MARIE: Franz!

WOYZECK: Ich muß fort. *(Er geht.)*

5 MARIE: Der Mann! So vergeistert. Er hat sein Kind nicht angesehn. Er schnappt noch über mit den Gedanken. Was bist so still, Bub? Furchst' dich? Es wird so dunkel, man meint, man wär blind. Sonst scheint doch als die Latern herein. Ich halt's nicht aus. Es schauert mich. *(Geht ab.)*

10 ### 3 Buden. Lichter. Volk

ALTER MANN, *der zum Leierkasten singt,* KIND *das tanzt:*
Auf der Welt ist kein Bestand,
Wir müssen alle sterben,
Das ist uns wohlbekannt!

15 MARIE: Hey! Hopsa!

WOYZECK: Arm Mann, alter Mann! Arm Kind! Jung Kind! Sorgen und Fest! Hey Marie, soll ich dich…?

MARIE: Ein Mensch muß auch der Narr von Verstand sein, damit er sagen kann: Narrisch Welt! Schön Welt!

20 AUSRUFER *vor einer Bude:* Meine Herren! Meine Herren! Sehn Sie die Creatur, wie sie Gott gemacht, nix, gar nix. Sehen Sie jetzt die Kunst, geht aufrecht hat Rock und Hosen, hat ein Säbel! Ho! Mach Compliment! So bist Baron. Gieb Kuß! *(Er trompetet.)* Wicht ist musikalisch. Meine Herrn, meine Damen, hier

25 sind zu sehn das astronomische Pferd und die kleine Canaillevogel, sind Liebling von alle Potentate[3] Europas und Mitglied von alle gelehrte Societät, verkündige de Leute alles, wie alt, wie viel Kinder, was für Krankheit. Schießt Pistol los, stellt sich auf ein Bein. Alles Erziehung, habe nur eine viehische

30 Vernunft, oder vielmehr eine ganz vernünftige Viehigkeit, ist kein viehdummes Individuum wie viel Person, das verehrliche Publikum abgerechnet. Herein. Es wird sein, die rapräsentation. Das commencement vom commencement wird so-

---

3 Regierende Fürsten, Machthaber

gleich nehm sein Anfang. Sehn Sie die Fortschritte der Civilisation. Alles schreitet fort, ein Pferd, ein Aff, ein Canaillevogel! Der Aff ist schon ein Soldat, s' ist noch nit viel, unterst Stuf von menschliche Geschlecht!
Die rapräsentation anfangen! Man mackt Anfang von Anfang. Es wird sogleich seyn das commencement von commencement.

WOYZECK: Willst du?

MARIE: Meinetwege. Das muß schön Dings seyn. Was der Mensch Quasten hat und die Frau hat Hosen.

UNTEROFFICIER. TAMBOURMAJOR.

UNTEROFFICIER: Halt, jetzt. Siehst du sie! Was n' Weibsbild.

TAMBOURMAJOR: Teufel, zum Fortpflanzen von Kürassierregimenter und zur Zucht von Tambourmajors!

UNTEROFFICIER: Wie sie den Kopf trägt, man meint das schwarz Haar müßt sie abwärts ziehn, wie ein Gewicht, und Auge, schwarz...

TAMBOURMAJOR: Als ob man in ein Ziehbrunn oder zu eim Schornstein hinabguckt! Fort hinte drein.

MARIE: Was Lichter, mei Auge!

WOYZECK: Ja de Brandwein, ein Faß schwarz Katze mit feurige Auge. Hey, wasn' Abend.

Das Innere der Bude.

MARKTSCHREIER: Zeig' dein Talent! Zeig deine viehische Vernünftigkeit! Beschäm die menschlich Societät! Meine Herren, dieß Thier, das Sie da sehn, Schwanz am Leib, auf sei vier Hufe ist Mitglied von alle gelehrte Societät, ist Professor an unse Universität, wo die Studente bey ihm reiten und schlage lerne. Das war einfacher Verstand. Denk jezt mit der doppelte raison. Was machst du wann du mit der doppelte Raison denkst? Ist unter der gelehrte Société da ein Esel? *(Der Gaul schüttelt den Kopf.)* Sehn Sie jetzt die doppelte Räson? Das ist Viehsionomik[4]. Ja das ist kei viehdummes Individuum, das ist eine

---

4 Wortspiel: Anspielung auf „Physiognomik" = Lehre, nach der von der äußeren Erscheinung auf innere Eigenschaften eines Menschen geschlossen werden kann (Lavater).

Person. Ei Mensch, ei thierisch Mensch und doch ei Vieh, ei bête. *(Das Pferd führt sich ungebührlich auf.)* So beschäm die société. Sehn Sie das Vieh ist noch Natur, unideale Natur! Lern Sie bey ihm. Fragen Sie den Arzt, es ist höchst schädlich. Das hat geheiße: Mensch sey natürlich. Du bist geschaffe Staub, Sand, Dreck. Willst du mehr seyn, als Staub, Sand, Dreck? Sehn Sie was Vernunft, es kann rechnen und kann doch nit an de Finger herzählen, warum? Kann sich nur nit ausdrücke, nur nit explicirn, ist ein vewandelter Mensch! Sag den Herrn, wieviel Uhr es ist. Wer von den Herrn und Damen hat eine Uhr, eine Uhr?

UNTEROFFICIER: Eine Uhr! *(Zieht großartig und gemessen die Uhr aus der Tasche.)* Da mein Herr.

MARIE: Das muß ich sehn. *(Sie klettert auf den 1. Platz. Unterofficier hilft ihr.)*

4 Kammer

MARIE *sizt, ihr Kind auf dem Schooß,*
ein Stückchen Spiegel in der Hand.

MARIE *bespiegelt sich:* Was die Steine glänze! Was sind's für? Was hat er gesagt? – Schlaf Bub! Drück die Auge zu, fest, *(das Kind versteckt die Augen hinter den Händen)* noch fester, bleib so, still oder er holt dich.

Singt: Mädel mach's Ladel zu,
                S'kommt e Zigeunerbu,
                Führt dich an deiner Hand
                Fort in's Zigeunerland.

(Spiegelt sich wieder.) S' ist gewiß Gold! Unseins hat nur ein Eckchen in der Welt und ein Stückchen Spiegel und doch hab' ich einen so rothen Mund als die großen Madamen mit ihren Spiegeln von oben bis unten und ihren schönen Herrn, die ihnen die Händ küssen, ich bin nur ein arm Weibsbild. – *(Das Kind richtet sich auf.)* Still Bub, die Auge zu, das Schlafengelchen! Wie's an der Wand läuft, *(sie blinkt mit dem Glas)* die Auge zu, oder es sieht dir hinein, daß du blind wirst.

WOYZECK *tritt herein, hinter sie.*

Sie fährt auf mit den Händen nach den Ohren.

WOYZECK: Was hast du?

MARIE: Nix.

WOYZECK: Unter deinen Fingern glänzt's ja.

MARIE: Ein Ohrringlein; hab's gefunden. 5

WOYZECK: Ich hab so noch nix gefunden. Zwei auf einmal.

MARIE: Bin ich ein Mensch?

WOYZECK: S' ist gut, Marie. – Was der Bub schläft. Greif' ihm unter's Ärmchen der Stuhl drückt ihn. Die hellen Tropfen steh'n ihm auf der Stirn; alles Arbeit unter der Sonn, sogar Schweiß 10 im Schlaf. Wir arme Leut! Da is wieder Geld Marie, die Löhnung und was von mein'm Hauptmann.

MARIE: Gott vergelt's Franz.

WOYZECK: Ich muß fort. Heut Abend, Marie. Adies.

MARIE *(allein, nach einer Pause):* Ich bin doch ein schlecht 15 Mensch. Ich könnt' mich erstechen. – Ach! Was Welt? Geht doch Alles zum Teufel, Mann und Weib.

5 Der Hauptmann. Woyzeck

HAUPTMANN *auf einem Stuhl,* WOYZECK *rasirt ihn.*

HAUPTMANN: Langsam, Woyzeck, langsam; ein's nach dem an- 20 dern. Er macht mir ganz schwindlich. Was soll ich dann mit den zehn Minuten anfangen, die Er heut zu früh fertig wird? Woyzeck, bedenk' Er, Er hat noch seine schöne dreißig Jahr zu leben, dreißig Jahr! macht 360 Monate, und Tage, Stunden, Minuten! Was will Er denn mit der ungeheuren Zeit all an- 25 fangen? Theil Er sich ein, Woyzeck.

WOYZECK: Ja wohl, Herr Hauptmann.

HAUPTMANN: Es wird mir ganz angst um die Welt, wenn ich an die Ewigkeit denke. Beschäftigung, Woyzeck, Beschäftigung! Ewig das ist ewig, das ist ewig, das siehst du ein; nun ist es aber 30 wieder nicht ewig und das ist ein Augenblick, ja, ein Augenblick – Woyzeck, es schaudert mich, wenn ich denk, daß sich die Welt in einem Tag herumdreht, was n'e Zeitverschwendung, wo soll das hinaus? Woyzeck, ich kann kein Mühlrad mehr sehn, oder ich werd' melancholisch. 35

WOYZECK: Ja wohl, Herr Hauptmann.

HAUPTMANN: Woyzeck Er sieht immer so verhetzt aus. Ein guter Mensch thut das nicht, ein guter Mensch, der sein gutes Gewissen hat. – Red' Er doch was Woyzeck. Was ist heut für Wetter?

5 WOYZECK: Schlimm, Herr Hauptmann, schlimm; Wind.

HAUPTMANN: Ich spür's schon, s' ist so was Geschwindes draußen; so ein Wind macht mir den Effect wie eine Maus. *(Pfiffig.)* Ich glaub' wir haben so was aus Süd-Nord.

WOYZECK: Ja wohl, Herr Hauptmann.

10 HAUPTMANN: Ha! Ha! Ha! Süd-Nord! Ha! Ha! Ha! O Er ist dumm, ganz abscheulich dumm. *(Gerührt.)* Woyzeck, Er ist ein guter Mensch, ein guter Mensch – aber *(mit Würde)* Woyzeck, Er hat keine Moral! Moral das ist wenn man moralisch ist, versteht Er. Es ist ein gutes Wort. Er hat ein Kind, ohne den Segen der

15 Kirche, wie unser hochehrwürdiger Herr Garnisonsprediger sagt, ohne den Segen der Kirche, es ist nicht von mir.

WOYZECK: Herr Hauptmann, der liebe Gott wird den armen Wurm nicht drum ansehn, ob das Amen drüber gesagt ist, eh' er gemacht wurde. Der Herr sprach: Lasset die Kindlein zu mir

20 kommen.

HAUPTMANN: Was sagt Er da? Was ist das für n'e kuriose Antwort? Er macht mich ganz confus mit seiner Antwort. Wenn ich sag: Er, so mein ich Ihn, Ihn.

WOYZECK: Wir arme Leut. Sehn Sie, Herr Hauptmann, Geld,

25 Geld. Wer kein Geld hat. Da setz einmal einer seinsgleichen auf die Moral in die Welt. Man hat auch sein Fleisch und Blut. Unseins ist doch einmal unseelig in der und der andern Welt, ich glaub' wenn wir in Himmel kämen so müßten wir donnern helfen.

30 HAUPTMANN: Woyzeck Er hat keine Tugend, Er ist kein tugendhafter Mensch. Fleisch und Blut? Wenn ich am Fenster lieg, wenn's geregnet hat und den weißen Strümpfen so nachsehe wie sie über die Gassen springen, – verdammt Woyzeck, – da kommt mir die Liebe. Ich hab auch Fleisch und Blut. Aber

35 Woyzeck, die Tugend, die Tugend! Wie sollte ich dann die Zeit herumbringen? Ich sag' mir immer: Du bist ein tugendhafter

Mensch, *(gerührt)* ein guter Mensch, ein guter Mensch.

WOYZECK: Ja Herr Hauptmann, die Tugend! Ich hab's noch nicht so aus. Sehn Sie, wir gemeine Leut, das hat keine Tugend, es kommt einem nur so die Natur, aber wenn ich ein Herr wär und hätt ein Hut und eine Uhr und eine anglaise[5] und könnt vornehm reden, ich wollt schon tugendhaft seyn. Es muß was Schöns seyn um die Tugend, Herr Hauptmann. Aber ich bin ein armer Kerl.

HAUPTMANN: Gut Woyzeck. Du bist ein guter Mensch, ein guter Mensch. Aber du denkst zuviel, das zehrt, du siehst immer so verhetzt aus. Der Diskurs hat mich ganz angegriffen. Geh' jetzt und renn nicht so; langsam hübsch langsam die Straße hinunter.

6 Kammer

MARIE. TAMBOURMAJOR.

TAMBOURMAJOR: Marie!

MARIE *ihn ansehend, mit Ausdruck:* Geh' einmal vor dich hin. – Ueber die Brust wie ein Rind und ein Bart wie ein Löw – So ist keiner – Ich bin stolz vor allen Weibern.

TAMBOURMAJOR: Wenn ich am Sonntag erst den großen Federbusch hab' und die weiße Handschuh, Donnerwetter, Marie, der Prinz sagt immer: Mensch, Er ist ein Kerl.

MARIE *spöttisch:* Ach was! *(Tritt vor ihn hin.)* Mann!

TAMBOURMAJOR: Und du bist auch ein Weibsbild. Sapperment, wir wollen eine Zucht von Tambourmajors anlegen. He? *(Er umfaßt sie.)*

MARIE *verstimmt:* Laß mich!

TAMBOURMAJOR: Wild Thier.

MARIE *heftig:* Rühr mich an!

TAMBOURMAJOR: Sieht dir der Teufel aus den Augen?

MARIE: Meintwegen. Es ist Alles eins.

---

5 eine Art Gehrock (längere Jacke), der vor allem von kleineren Beamten getragen wurde

7 Auf der Gasse

WOYZECK *sieht sie starr an, schüttelt den Kopf:* Hm! Ich seh nichts, ich seh nichts. O, man müßt's sehen, man müßt's greifen
5 könne mit Fäusten.

MARIE *verschüchtert:* Was hast du Franz? Du bist hirnwüthig Franz.

WOYZECK: Eine Sünde so dick und so breit. Es stinkt daß man die Engelchen zum Himmel hinaus rauche könnt. Du hast ein
10 rothe Mund, Marie. Keine Blase drauf? Adieu, Marie, du bist schön wie die Sünde –. Kann die Todsünde so schön seyn?

MARIE: Franz, du red'st im Fieber.

WOYZECK: Teufel! – Hat er da gestande, so, so?

MARIE: Dieweil der Tag lang und die Welt alt ist, könn' viel Men-
15 sche an eim Plaz stehn, einer nach dem andern.

WOYZECK: Ich hab ihn gesehn.

MARIE: Man kann viel sehn, wenn man zwei Auge hat und man nicht blind ist und die Sonn scheint.

WOYZECK: Mit dießen Augen!

20 MARIE *keck:* Und wenn auch.

8 Beim Doctor

WOYZECK. DER DOCTOR.

DOCTOR: Was erleb' ich Woyzeck? Ein Mann von Wort.

WOYZECK: Was denn Herr Doctor?

25 DOCTOR: Ich hab's gesehn Woyzeck; Er hat auf die Straß gepißt, an die Wand gepißt wie ein Hund. Und doch zwei Groschen täglich. Woyzeck das ist schlecht. Die Welt wird schlecht, sehr schlecht.

WOYZECK: Aber Herr Doctor, wenn einem die Natur kommt.

30 DOCTOR: Die Natur kommt, die Natur kommt! Die Natur! Hab' ich nicht nachgewiesen, daß der musculus constrictor vesi-cae[6] dem Willen unterworfen ist? Die Natur! Woyzeck, der

---

6 Blasenschließmuskel

Mensch ist frei, in dem Menschen verklärt sich die Individualität zur Freiheit. Den Harn nicht halten können! *(Schüttelt den Kopf, legt die Hände auf den Rücken und geht auf und ab.)* Hat Er schon seine Erbsen gegessen, Woyzeck? – Es giebt eine Revolution in der Wissenschaft, ich sprenge sie in die Luft. Harnstoff 0,10, salzsaures Ammonium, Hyperoxydul.

Woyzeck muß Er nicht wieder pissen? Geh' Er einmal hinein und probir Er's.

WOYZECK: Ich kann nit Herr Doctor.

DOCTOR *mit Affect:* Aber an die Wand pissen! Ich hab's schriftlich, den Akkord[7] in der Hand. Ich hab's gesehn, mit dießen Augen gesehn, ich steckt grade die Nase zum Fenster hinaus und ließ die Sonnstrahlen hineinfallen, um das Niesen zu beobachten. *(Tritt auf ihn los.)* Nein Woyzeck, ich ärgre mich nicht, Ärger ist ungesund, ist unwissenschaftlich. Ich bin ruhig ganz ruhig, mein Puls hat seine gewöhnlichen 60 und ich sag's Ihm mit der größten Kaltblütigkeit. Behüte wer wird sich über einen Menschen ärgern, ein Menschen! Wenn es noch ein proteus[8] wäre, der einem krepirt! Aber Er hätte doch nicht an die Wand pissen sollen –

WOYZECK: Sehn Sie Herr Doctor, manchmal hat einer so n'en Character, so n'e Structur. – Aber mit der Natur ist's was anders, sehn Sie mit der Natur *(er kracht mit den Fingern)* das ist so was, wie soll ich doch sagen, zum Beispiel…

DOCTOR: Woyzeck, Er philosophirt wieder.

WOYZECK *vertraulich:* Herr Doctor haben Sie schon was von der doppelten Natur gesehn? Wenn die Sonn in Mittag steht und es ist als ging die Welt in Feuer auf hat schon eine fürchterliche Stimme zu mir geredt!

DOCTOR: Woyzeck, Er hat eine aberratio.

WOYZECK *(legt den Finger an die Nase):* Die Schwämme Herr Doctor. Da, da steckts. Haben Sie schon gesehn in was für Figuren die Schwämme auf dem Boden wachsen? Wer das lesen könnt.

---

7 Vertrag
8 Gattung der Schwanzlurche

DOCTOR: Woyzeck Er hat die schönste aberratio mentalis partialis[9], die zweite Species, sehr schön ausgeprägt. Woyzeck Er kriegt Zulage. Zweite Species, fixe Idee, mit allgemein vernünftigem Zustand, Er thut noch Alles wie sonst, rasirt sein
5 Hauptmann?

WOYZECK: Ja, wohl.

DOCTOR: Ißt sei Erbse?

WOYZECK: Immer ordentlich Herr Doctor. Das Geld für die Menage[10] kriegt mei Frau.

10 DOCTOR: Thut sei Dienst?

WOYZECK: Ja wohl.

DOCTOR: Er ist ein interessanter casus. Subject Woyzeck Er kriegt Zulag. Halt Er sich brav. Zeig Er sei Puls! Ja.

9 Straße

15   HAUPTMANN. DOCTOR.

Hauptmann keucht die Straße herunter, hält an, keucht, sieht sich um.

HAUPTMANN: Herr Doctor, die Pferde machen mir ganz Angst; wenn ich denke, daß die armen Bestien zu Fuß gehn müssen.
20 Rennen Sie nicht so. Rudern Sie mit Ihrem Stock nicht so in der Luft. Sie hetzen sich ja hinter dem Tod drein. Ein guter Mensch, der sein gutes Gewissen hat, geht nicht so schnell. Ein guter Mensch. *(Er erwischt den Doctor am Rock.)* Herr Doctor erlauben Sie, daß ich ein Menschenleben rette, Sie
25 schießen… Herr Doctor, ich bin so schwermüthig, ich habe so was Schwärmerisches, ich muß immer weinen, wenn ich meinen Rock an der Wand hängen sehe, da hängt er.

DOCTOR: Hm! Aufgedunsen, fett, dicker Hals, apoplectische Constitution. Ja Herr Hauptmann Sie können eine apoplexia ce-
30 rebralis[11] kriegen, Sie können sie aber vielleicht auch nur auf

---

9 teilweise geistige Abirrung
10 gemeinschaftliche Wirtschaft (hier:) von Soldaten. Da Woyzeck nur Erbsen isst, kann er das Geld sparen, das er sonst einzahlen müsste für Essen.
11 Gehirnschlag

der einen Seite bekommen, und dann auf der einen gelähmt seyn, oder aber Sie können im besten Fall geistig gelähmt werden und nur fort vegetiren, das sind so ohngefähr Ihre Aussichten auf die nächsten vier Wochen. Übrigens kann ich Sie versichern, daß Sie einen von den interessanten Fällen abge- 5 ben und wenn Gott will, daß Ihre Zunge zum Theil gelähmt wird, so machen wir die unsterblichen Experimente.

HAUPTMANN: Herr Doctor erschrecken Sie mich nicht, es sind schon Leute am Schreck gestorben, am bloßen hellen Schreck. – Ich seh schon die Leute mit den Citronen in den 10 Händen, aber sie werden sagen, er war ein guter Mensch, ein guter Mensch – Teufel Sargnagel.

DOCTOR *hält ihm den Hut hin:* Was ist das Herr Hauptmann? Das ist Hohlkopf!

HAUPTMANN *macht eine Falte:* Was ist das Herr Doctor? Das ist Ein- 15 falt.

DOCTOR: Ich empfehle mich, geehrtester Herr Exercirzagel.

HAUPTMANN: Gleichfalls, bester Herr Sargnagel.

WOYZECK *kommt die Straße heruntergerannt.*

HAUPTMANN: He Woyzeck, was hetzt Er sich so an uns vorbey? 20
Bleib Er doch Woyzeck, Er läuft ja wie ein offnes Rasirmesser durch die Welt, man schneidt sich an Ihm, Er läuft als hätt Er ein Regiment Kastrirte zu rasirn und würd gehenkt über dem letzten Haar noch vorm Verschwinden – aber, über die langen Bärte, was wollt ich doch sagen? Woyzeck – die langen 25 Bärte …

DOCTOR: Ein langer Bart unter dem Kinn, schon Plinius spricht davon, man muß es den Soldaten abgewöhnen, du, du …

HAUPTMANN *fährt fort:* Hä? Über die langen Bärte? Wie is Woyzeck, hat Er noch nicht ein Haar aus eim Bart in seiner Schüs- 30 sel gefunden? He, Er versteht mich doch, ein Haar von einem Menschen, vom Bart eines sapeur[12], eines Unterofficier, eines – eines Tambourmajor? He Woyzeck? Aber Er hat eine brave Frau. Geht Ihm nicht wie andern.

---

12 (militär.) Pionier, Truppenteil, der Gräben, Brücken etc. baut

WOYZECK: Ja wohl! Was wollen Sie sagen Herr Hauptmann?

HAUPTMANN: Was der Kerl ein Gesicht macht! muß nun auch nicht in der Suppe seyn, aber wenn Er sich eilt und um die Eck geht, so kann Er vielleicht noch auf Paar Lippen eins finden,
5 ein Paar Lippen, Woyzeck, ich habe auch die Liebe gefühlt, Woyzeck. Kerl Er ist ja kreideweiß.

WOYZECK: Herr, Hauptmann, ich bin ein arm Teufel, – und hab sonst nichts auf der Welt Herr Hauptmann, wenn Sie Spaß machen –

10 HAUPTMANN: Spaß ich, daß dich Spaß, Kerl!

DOCTOR: Den Puls Woyzeck, den Puls, klein, hart, hüpfend, unregelmäßig.

WOYZECK: Herr Hauptmann, die Erd ist höllenheiß, mir eiskalt! Eiskalt, die Hölle ist kalt, wollen wir wetten. Unmöglich,
15 Mensch! Mensch! Unmöglich.

HAUPTMANN: Kerl, will Er erschossen werden, will Er ein Paar Kugeln vor den Kopf haben? Er ersticht mich mit seinen Augen, und ich mein's gut mit Ihm, weil Er ein guter Mensch ist Woyzeck, ein guter Mensch.

20 DOCTOR: Gesichtsmuskeln starr, gespannt, zuweilen hüpfend, Haltung aufgerichtet, gespannt.

WOYZECK: Ich geh! Es ist viel möglich. Der Mensch! Es ist viel möglich. Wir habe schön Wetter Herr Hauptmann. Sehn Sie so ein schön, festen groben Himmel, man könnte Lust be-
25 komm, ein Kloben hineinzuschlagen und sich daran zu hänge, nur wege des Gedankenstrichels zwischen Ja, und wieder ja – und nein, Herr, Herr Hauptmann ja und nein? Ist das Nein am Ja oder das Ja am Nein Schuld? Ich will drüber nachdenke. *(Geht mit breiten Schritten ab, erst langsam dann immer*
30 *schneller.)*

DOCTOR *(schießt ihm nach):* Phänomen, Woyzeck, Zulage.

HAUPTMANN: Mir wird ganz schwindlich vor den Menschen, wie schnell, der lange Schlingel greift aus, es läuft der Schatten von einem Spinnbein, und der Kurze, – das zuckelt. Der Lange
35 ist der Blitz und der Kleine der Donner. Haha, hinterdrein. Grotesk! grotesk!

10 Die Wachtstube

WOYZECK. ANDRES.

ANDRES *singt:* Frau Wirthin hat n'e brave Magd,
Sie sizt im Garten Tag und Nacht,
Sie sizt in ihrem Garten...   5

WOYZECK: Andres!

ANDRES: Nu?

WOYZECK: Schön Wetter.

ANDRES: Sonntagsonnwetter. Musik vor der Stadt. Vorhin sind
die Weibsbilder hinaus, die Mensche dampfe, das geht.   10

WOYZECK *unruhig:* Tanz, Andres, sie tanze.

ANDRES: Im Rössel und im Sternen.

WOYZECK: Tanz, Tanz.

ANDRES: Meintwege.
Sie sizt in ihrem Garten,   15
Bis daß das Glöcklein zwölfe schlägt,
Und paßt auf die Solda-aten.

WOYZECK: Andres, ich hab kei Ruh.

ANDRES: Narr!

WOYZECK: Ich muß hinaus. Es dreht sich mir vor den Augen.   20
Tanz. Tanz. Was sie heiße Händ habe. Verdammt Andres!

ANDRES: Was willst du?

WOYZECK: Ich muß fort.

ANDRES: Mit dem Mensch.

WOYZECK: Ich muß hinaus, s' ist so heiß da hie.   25

11 Wirthshaus

Die Fenster offen, Tanz. Bänke vor dem Haus. Bursche.

ERSTER HANDWERKSBURSCH:
Ich hab ein Hemdlein an das ist nicht mein,
Meine Seele stinkt nach Branndewein...   30

ZWEITER HANDWERKSBURSCH: Bruder, soll ich dir aus Freundschaft
ein Loch in die Natur machen? Vorwärts! Ich will ein Loch in
die Natur machen. Ich bin auch ein Kerl, du weißt, ich will
ihm alle Flöh am Leib todt schlagen.

ERSTER HANDWERKSBURSCH: Meine Seele, mei Seele stinkt nach Brandewein. Selbst das Geld geht in Verwesung über. Vergißmeinich! Wie ist dieße Welt so schön. Bruder, ich muß ein Regenfaß voll greinen. Ich wollt unse Nase wärn zwei Bouteille
5 und wir könnte sie uns einander in de Hals gießen.
ANDRE *im Chor:*   Ein Jäger aus der Pfalz,
                   Ritt einst durch ein grünen Wald.
                   Halli, halloh, gar lustig ist die Jägerei
                   Allhier auf grüner Heid.
10   Das Jagen ist mei Freud.
WOYZECK *stellt sich an's Fenster.* MARIE *und der* TAMBOURMAJOR *tanzen vorbey, ohne ihn zu bemerken.*
MARIE *im Vorbeytanzen:* Immer, zu, immer zu.
WOYZECK *erstickt:* Immer zu! – immer zu! *(fährt heftig auf und sinkt*
15 *zurück auf die Bank)* immer zu immer zu, *(schlägt die Hände in-einander)* dreht euch, wälzt euch. Warum bläßt Gott nicht die Sonn aus, daß Alles in Unzucht sich übernanderwälzt, Mann und Weib, Mensch und Vieh. Thut's am hellen Tag, thut's einem auf den Händen, wie die Mücken. – Weib. – Das Weib
20 ist heiß, heiß! – Immer zu, immer zu. *(Fährt auf.)* Der Kerl! Wie er an ihr herumtappt, an ihrem Leib, er, er hat sie wie ich zu Anfang!
ERSTER HANDWERKSBURSCH *predigt auf dem Tisch:* Jedoch wenn ein Wandrer, der gelehnt steht an dem Strom der Zeit oder aber
25 sich die göttliche Weisheit beantwortet und sich anredet: Warum ist der Mensch? Warum ist der Mensch? – Aber wahrlich ich sage euch, von was hätte der Landmann, der Weißbinder, der Schuster, der Arzt leben sollen, wenn Gott den Menschen nicht geschaffen hätte? Von was hätte der Schnei-
30 der leben sollen, wenn er dem Menschen nicht die Empfindung der Schaam eingepflanzt, von was der Soldat, wenn Er ihn nicht mit dem Bedürfniß sich todtzuschlagen ausgerüstet hätte? Darum zweifelt nicht, ja ja, es ist lieblich und fein, aber Alles Irdische ist eitel, selbst das Geld geht in Verwesung über.
35 – Zum Beschluß meine geliebten Zuhörer laßt uns noch über's Kreuz pissen, damit ein Jud stirbt.

18

12 Freies Feld

WOYZECK: Immer zu! Immer zu! Still Musik! *(Reckt sich gegen den Boden.)* Ha was, was sagt ihr? Lauter, lauter, – stich, stich die Zickwolfin todt? stich, stich die Zickwolfin todt. Soll ich? Muß ich? Hör ich's da auch, sagt's der Wind auch? Hör ich's 5 immer, immer zu, stich todt, todt.

13 Nacht

ANDRES *und* WOYZECK *in einem Bett.*

WOYZECK *schüttelt Andres:* Andres! Andres! Ich kann nit schlafe, wenn ich die Aug zumach, dreht sich's immer und ich hör die 10 Geigen, immer zu, immer zu und dann spricht's aus der Wand, hörst du nix?

ANDRES: Ja, – laß sie tanze! Gott behüt uns, Amen. *(Schläft wieder ein.)*

WOYZECK: Es redt immer: stich! stich! und zieht mir zwischen 15 den Augen wie ein Messer.

ANDRES: Du mußt Schnaps trinke und Pulver drin, das schneidt das Fieber.

14 Wirthshaus

TAMBOURMAJOR. WOYZECK. LEUTE.   20

TAMBOURMAJOR: Ich bin ein Mann! *(schlägt sich auf die Brust)* ein Mann sag' ich.

Wer will was? Wer kein besoffen Herrgott ist der laß sich von mir. Ich will ihm die Nas ins Arschloch prügeln. Ich will – *(zu Woyzeck)* da Kerl, sauf, der Mann muß saufen, ich wollt die 25 Welt wär Schnaps, Schnaps.

WOYZECK *pfeift.*

TAMBOURMAJOR: Kerl, soll ich dir die Zung aus dem Hals ziehe und sie um den Leib herumwickle? *(Sie ringen, Woyzeck verliert.)* Soll ich dir noch soviel Athem lassen als en Altweiberfurz, soll 30 ich?

WOYZECK *setzt sich erschöpft zitternd auf die Bank.*

TAMBOURMAJOR: Der Kerl soll dunkelblau pfeifen.

Ha.   Brandewein das ist mein Leben,

Brandwein giebt Courage!

EINE: Der hat sei Fett.

5 ANDRE: Er blut.

WOYZECK: Eins nach dem andern.

15 Kramladen

WOYZECK. DER JUDE.

WOYZECK: Das Pistolche ist zu theuer.

10 JUD: Nu, kauft's oder kauft's nit, was is?

WOYZECK: Was kost das Messer?

JUD: S' ist ganz, grad. Wollt Ihr Euch den Hals mit abschneide?
Nu, was is es? Ich geb's Euch so wohlfeil wie ein andrer, Ihr
sollt Euren Tod wohlfeil haben, aber doch nit umsonst. Was is

15 es? Er soll nen ökonomischen Tod habe.

WOYZECK: Das kann mehr als Brot schneide.

JUD: Zwee Grosche.

WOYZECK: Da! *(Geht ab.)*

JUD: Da! Als ob's nichts wär. Und s' is doch Geld. Der Hund.

20   ## 16 Kammer

MARIE. DER NARR.

MARIE *blättert in der Bibel:* »Und ist kein Betrug in seinem Munde
erfunden« – Herrgott! Herrgott! Sieh mich nicht an. *(Blättert
weiter.)* »Aber die Pharisäer brachten ein Weib zu ihm, im Ehe-

25 bruch begriffen und stelleten sie in's Mittel dar. – Jesus aber
sprach: So verdamme ich dich auch nicht. Geh hin und sün-
dige hinfort nicht mehr.« *(Schlägt die Hände zusammen.)* Herrgott! Herrgott! Ich kann nicht. Herrgott gieb mir nur soviel,
daß ich beten kann. *(Das Kind drängt sich an sie.)* Das Kind

30 giebt mir einen Stich in's Herz. Karl! Das brüst sich in der
Sonne!

NARR *liegt und erzählt sich Mährchen an den Fingern:* Der hat die

golden Kron, der Herr König. Morgen hol' ich der Frau König-
in ihr Kind. Blutwurst sagt: komm Leberwurst! *(Er nimmt das
Kind und wird still.)*

MARIE: Der Franz ist nit gekomm, gestern nit, heut nit, es wird
heiß hier. *(Sie macht das Fenster auf.)*   5

»Und trat hinein zu seinen Füßen und weinete und fing an
seine Füße zu netzen mit Thränen und mit den Haaren ihres
Hauptes zu trocknen und küssete seine Füße und salbete sie
mit Salben.« *(Schlägt sich auf die Brust.)* Alles todt! Heiland,
Heiland ich möchte dir die Füße salben.   10

17 Caserne

ANDRES. WOYZECK *kramt in seinen Sachen.*

WOYZECK: Das Kamisolche[13] Andres, ist nit zur Montur, du
kannst's brauche Andres. Das Kreuz is meiner Schwester und
das Ringlein, ich hab auch noch ein Heiligen, zwei Herze und   15
schön Gold, es lag in meiner Mutter Bibel, und da steht:

    Leiden sey all mein Gewinst,
    Leiden sey mein Gottesdienst.
    Herr wie dein Leib war roth und wund,
    laß mein Herz seyn aller Stund.   20

Mei Mutter fühlt nur noch, wenn ihr die Sonn auf die Händ
scheint. Das thut nix.

ANDRES *ganz starr, sagt zu Allem:* Ja wohl.

WOYZECK *zieht ein Papier hervor:* Friedrich Johann Franz Woyzeck,
Wehrmann, Füsilir[14] im 2. Regiment, 2. Bataillon, 4. Com-   25
pagnie, geb. Mariä Verkündigung[15], ich bin heut alt 30 Jahr,
7 Monat und 12 Tage.

ANDRES: Franz, du kommst in's Lazareth. Armer du mußt
Schnaps trinke und Pulver drin das tödt das Fieber.

WOYZECK: Ja Andres, wann der Schreiner die Hobelspän samm-   30
let, es weiß niemand, wer sein Kopf drauf lege wird.

---

13 Unterjacke, Wams
14 Infanterist
15 25. März

18 Der Hof des Doctors

STUDENTEN *unten, der* DOCTOR *am Dachfenster.*

DOCTOR: Meine Herrn, ich bin auf dem Dach, wie David, als er
die Bathseba sah; aber ich sehe nichts als die culs de Paris[16]
5   der Mädchenpension im Garten trocknen. Meine Herrn wir
sind an der wichtigen Frage über das Verhältniß des Subjects
zum Object. Wenn wir nur eins von den Dingen nehmen,
worin sich die organische Selbstaffirmation des Göttlichen,
auf einem so hohen Standpunkte manifestirt, und ihr Ver-
10   hältniß zum Raum, zur Erde, zum Planetarischen untersu-
chen, meine Herrn, wenn ich dieße Katze zum Fenster hin-
auswerfe, wie wird dieße Wesenheit sich zum centrum
gravitationis und dem eigenen Instinct verhalten? He Woyzeck, *(brüllt)* Woyzeck!

15   WOYZECK: Herr Doctor sie beißt.

DOCTOR: Kerl, der greift die Bestie so zärtlich an, als wär's seine
Großmutter.

WOYZECK: Herr Doctor ich hab's Zittern.

DOCTOR *ganz erfreut:* Ey, ey, schön Woyzeck. *(Reibt sich die Hände.*
20   *Er nimmt die Katze.)* Was seh' ich meine Herrn, die neue Species Hasenlaus, eine schöne Species, *(er zieht eine Lupe heraus)*
meine Herren – *(die Katze läuft fort)* Meine Herrn, das Thier
hat keinen wissenschaftlichen Instinct. Meine Herrn, Sie
können dafür was anders sehen, sehn Sie, der Mensch, seit
25   einem Vierteljahr ißt er nichts als Erbsen, beachten Sie die
Wirkung, fühlen Sie einmal was ein ungleicher Puls, da und
die Augen.

WOYZECK: Herr Doctor es wird mir dunkel. *(Er setzt sich.)*

DOCTOR: Courage! Woyzeck noch ein Paar Tage, und dann ist's
30   fertig, fühlen Sie meine Herrn fühlen Sie. *(Sie betasten ihm*
Schläfe, Puls und Busen.) À propos, Woyzeck, beweg den Herrn
doch einmal die Ohren, ich hab es Ihnen schon zeigen wollen. Zwei Muskeln sind bey ihm thätig. Allons frisch!

WOYZECK: Ach Herr Doctor!

35   DOCTOR: Bestie, soll ich dir die Ohren bewegen, willst du's ma-

---

16 „Pariser Gesäß"; Gesäßpolster, das unter dem Kleid getragen wurde.

chen wie die Katze! So meine Herrn, das sind so Uebergänge
zum Esel, häufig auch in Folge weiblicher Erziehung und die
Muttersprache. Wieviel Haare hat dir die Mutter zum Anden-
ken schon ausgerissen aus Zärtlichkeit? Sie sind dir ja danz
dünn geworden, seit ein Paar Tagen, ja die Erbsen, meine Her- 5
ren.

19 Marie mit Mädchen vor der Haustür

MÄDCHEN: Wie scheint die Sonn St. Lichtmeßtag[17]
Und steht das Korn im Blühn.
Sie gingen wohl die Straße hin,   10
Sie gingen zu zwei und zwein.
Die Pfeifer gingen vorn,
Die Geiger hinte drein.
Sie hatte rothe Sock…

ERSTES KIND: S' ist nit schön.   15

ZWEITES KIND: Was willst du auch immer!

DRITTES KIND: Was hast zuerst anfangen?

ZWEITES KIND: Warum?

ERSTES KIND: Darum!

ZWEITES KIND: Aber warum darum?   20

DRITTES KIND: Es muß singen – ? *(Sieht sich fragend im Kreise um
und zeigt auf das 1. Kind.)*

ERSTES KIND: Ich kann nit.

ALLE KINDER: Marieche sing du uns.

MARIE: Kommt ihr klei Krabben!   25
Ringle, ringel Rosenkranz. König Herodes.
Großmutter erzähl.

GROSSMUTTER: Es war einmal ein arm Kind und hat kei Vater und
kei Mutter war Alles todt und war Niemand mehr auf der
Welt. Alles todt, und es ist hingangen und hat greint Tag und 30
Nacht. Und weil auf der Erd Niemand mehr war, wollt's in
Himmel gehn, und der Mond guckt es so freundlich an und

---

17 2. Februar: Fest zum Gedächtnis an die Darbringung Christi im Tempel
und die Reinigung Marias

wie's endlich zum Mond kam, war's ein Stück faul Holz und
da ist es zur Sonn gangen und wie's zur Sonn kam, war's ein
verreckt Sonneblum und wie's zu den Sterne kam, warens klei
golde Mück, die waren angesteckt wie der Neuntödter sie auf
5 die Schlehe steckt und wie's wieder auf die Erd wollt, war die
Erd ein umgestürzter Hafen und war ganz allein und da hat
sich's hingesetzt und geweint und da sitzt es noch und ist
ganz allein.

WOYZECK: Marie!
10 MARIE *erschreckt:* Was ist?
WOYZECK: Marie wir wolln gehn. S' ist Zeit.
MARIE: Wohinaus?
WOYZECK: Weiß ich's?

15 ## 20 Abend. Die Stadt in der Ferne

MARIE *und* WOYZECK.

MARIE: Also dort hinaus ist die Stadt. S' ist finster.
WOYZECK: Du sollst noch bleiben. Komm setz dich.
MARIE: Aber ich muß fort.
20 WOYZECK: Du wirst dir die Füß nicht wund laufen.
MARIE: Wie bist du nur auch!
WOYZECK: Weißt du auch wie lang es just ist, Marie?
MARIE: An Pfingsten zwei Jahr.
WOYZECK: Weißt du auch wie lang es noch seyn wird?
25 MARIE: Ich muß fort das Nachtessen richten.
WOYZECK: Friert's dich Marie? Und doch bist du warm.
   Was du heiße Lippen hast! (heiß, heiß Hurenathem und doch
   möcht' ich den Himmel geben sie noch einmal zu küssen)
   und wenn man kalt ist so friert man nicht mehr.
30   Du wirst vom Morgenthau nicht frieren.
MARIE: Was sagst du?
WOYZECK: Nix. *(Schweigen.)*
MARIE: Was der Mond roth auf geht.
WOYZECK: Wie ein blutig Eisen.

24

MARIE: Was hast du vor? Franz, du bist so blaß. *(Er zieht das Messer.)* Franz halt! Um des Himmels Willen, Hü – Hülfe!

WOYZECK: Nimm das und das! Kannst du nicht sterben? So! So! Ha sie zuckt noch, noch nicht, noch nicht? Immer noch? *(Stößt zu.)* Bist du todt? Todt! Todt! *(Es kommen Leute, läuft weg.)* 5

21 Es kommen Leute

ERSTE PERSON: Halt!

ZWEITE PERSON: Hörst du? Still! Da!

ERSTE PERSON: Uu! Da! Was ein Ton. 10

ZWEITE PERSON: Es ist das Wasser, es ruft, schon lang ist Niemand ertrunken. Fort, s' ist nicht gut, es zu hören.

ERSTE PERSON: Uu jetzt wieder. Wie ein Mensch der stirbt.

ZWEITE PERSON: Es ist unheimlich, so dunstig, allenthalb Nebel, grau und das Summen der Käfer wie gesprungne Glocken. 15 Fort!

ERSTE PERSON: Nein, zu deutlich, zu laut. Da hinauf. Komm mit.

22 Das Wirthshaus

WOYZECK: Tanzt alle, immer zu, schwizt und stinkt, er holt euch doch einmal Alle. 20

Singt: Frau Wirthin hat 'ne brave Magd,
             Sie sitzt im Garten Tag und Nacht,
             Sie sitzt in ihrem Garten,
             Bis daß das Glöcklein zwölfe schlägt,
             Und paßt auf die Soldaten. 25

(Er tanzt.) So Käthe! Setz dich! Ich hab heiß, heiß, *(er zieht den Rock aus)* es ist einmal so, der Teufel holt die eine und läßt die andre laufen. Käthe du bist heiß! Warum denn? Käthe du wirst auch noch kalt werden. Sey vernünftig. Kannst du nicht singen? 30

KÄTHE: Ins Schwabeland das mag ich nicht,
             Und lange Kleider trag ich nicht,

Denn lange Kleider spitze Schuh,
Die kommen keiner Dienstmagd zu.

WOYZECK: Nein, keine Schuh, man kann auch ohne Schuh in die Höll gehn.

5 KÄTHE *tanzt:* O pfui mein Schatz das war nicht fein.
Behalt dei Thaler und schlaf allein.

WOYZECK: Ja wahrhaftig! Ich möchte mich nicht blutig machen.

KÄTHE: Aber was hast du an deiner Hand?

10 WOYZECK: Ich? Ich?

KÄTHE: Roth, Blut! *(Es stellen sich Leute um sie.)*

WOYZECK: Blut? Blut.

WIRTH: Uu Blut.

WOYZECK: Ich glaub ich hab' mich geschnitten, da an der rech-
15 ten Hand.

WIRTH: Wie kommt's aber an den Ellenbogen?

WOYZECK: Ich hab's abgewischt.

WIRTH: Was mit der rechten Hand an den rechten Ellenbogen?
Ihr seyd geschickt.

20 NARR: Und da hat der Ries gesagt: ich riech, ich riech, ich riech
Menschefleisch. Puh! Das stinkt schon.

WOYZECK: Teufel, was wollt ihr? Was geht's euch an? Platz! Oder
der erste – Teufel! Meint ihr ich hätt Jemand umgebracht? Bin
ich Mörder? Was gafft ihr! Guckt euch selbst an! Platz da! *(Er*
25 *läuft hinaus.)*

23 Abend. Die Stadt in der Ferne

WOYZECK *allein.*

Das Messer? Wo ist das Messer? Ich hab' es da gelassen. Es ver-
30 räth mich! Näher, noch näher! Was ist das für ein Platz? Was
hör ich? Es rührt sich was. Still. Da in der Nähe. Marie? Ha
Marie! Still. Alles still! (Was bist du so bleich, Marie? Was hast
du eine rothe Schnur um den Hals? Bey wem hast du das Hals-
band verdient, mit deinen Sünden? Du warst schwarz davon,

schwarz! Hab ich dich jetzt gebleicht. Was hänge die schwarze Haar, so wild? Hast du die Zöpfe heut nicht geflochten?) Da liegt was! Kalt, naß, stille. Weg von dem Platz. Das Messer, das Messer, hab ich's? So! Leute. – Dort. *(Er läuft weg.)*

24 Woyzeck an einem Teich

So da hinunter! *(Er wirft das Messer hinein.)* Es taucht in das dunkle Wasser, wie ein Stein! Der Mond ist wie ein blutig Eisen! Will denn die ganze Welt es ausplaudern? Nein es liegt zu weit vorn, wenn sie sich baden, *(er geht in den Teich und wirft weit)* so jetzt – aber im Sommer, wenn sie tauchen nach Muscheln, bah es wird rostig. Wer kann's erkennen – hätt' ich es zerbrochen! Bin ich noch blutig? Ich muß mich waschen. Da ein Fleck und da noch einer.

25 Straße

KINDER.

ERSTES KIND: Fort! Mariechen!

ZWEITES KIND: Was is?

ERSTES KIND: Weißt du's nit? Sie sind schon alle hinaus. Drauß liegt eine!

ZWEITES KIND: Wo?

ERSTES KIND: Links über die Lochschanz in dem Wäldche, am rothen Kreuz.

ZWEITES KIND: Fort, daß wir noch was sehen. Sie tragen's sonst hinein.

26 Gerichtsdiener. Arzt. Richter

GERICHTSDIENER: Ein guter Mord, ein ächter Mord, ein schöner Mord, so schön als man ihn nur verlangen thun kann, wir haben schon lange so kein gehabt.

27 Der Idiot. Das Kind. Woyzeck

KARL *hält das Kind vor sich auf dem Schooß:* Der is in's Wasser ge-
fallen, der is in's Wasser gefalln, wie, der is in's Wasser gefalln.

WOYZECK: Bub, Christian.

5 KARL *sieht ihn starr an:* Der is in's Wasser gefalln.

WOYZECK *will das Kind liebkosen, es wendet sich weg und schreit.*
Herrgott!

KARL: Der is in's Wasser gefalln.

WOYZECK: Christianche, du bekommst en Reuter, sa, sa. *(Das*
10 *Kind wehrt sich. Zu Karl.)* Da kauf dem Bub en Reuter.

KARL *sieht ihn starr an.*

WOYZECK: Hop! Hop! Roß.

KARL *jauchzend:* Hop! Hop! Roß! Roß! *Läuft mit dem Kind weg.*

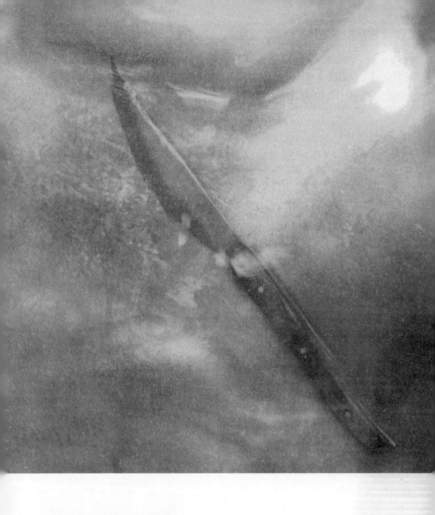

MATERIALIEN

I   Der Fall Woyzeck – „Ein guter Mord, ein ächter Mord, ein schöner Mord…"

Nächst bevorstehenden Freytag **den Sieben und Zwan-zigsten des Monats August,** wird auf hiesigem Markte, der zum Tode verurtheilte Delinquent, Johann Christian Woyzec hingerichtet werden. Wir dürfen nun zwar voraussetzen, daß sämmtliche Burger und Einwohner der Stadt Leipzig, von selbst geneigt seyn werden, ihrer Seits sich so zu benehmen, daß die gewohnte Ruhe und Ordnung, auch bey der Eingangs erwähnten Execution, in irgend einer Art nicht gestöhrt werde, und ist es daher nur eine Erinnerung an die Mittel zur Erhaltung der Ruhe und Ordnung, wenn wir die gesammte hiesige Einwohnerschaft auffordern, sich selbst still zu bezeigen, und alle Ungelegenheit zu vermeiden, auch die Ihrigen, insbesondere Lehrpursche und Gesinne, möglichst zu Hause zu halten, ferner daß diejenigen, welche auf den Markt, wo die Execution erfolgen soll, sich begeben und Letztere mit ansehen wollen sich allen ungestümen Drängens schlechterdings enthalten.

Sollte aber wider Erwarten, irgend Jemand dem entgegen handeln, so würde er die daraus entstehenden Unannehmlichkeiten und unausbleibliche Strafe, sich selbst beymessen müssen.

Zur Sicherung des Publikum ist die Anordnung getroffen worden, daß am 27. August, von früh **sieben** Uhr an bis nach beendigter Execution, die sämmtlichen innern

Stadt-Thore für Wagen gesperrt werden, auch Wagen den Marktplatz und die dahin führenden Straßen und Gassen schlechterdings nicht befahren dürfen, so wie, wegen der Lebensgefahr, die für die Unterstehenden aus dem Herabfallen der Ziegel und sonst erwachsen könnte, hiermit auf das gemessenste, und bey Vermeidung von **Zehn Thalern** Strafe untersagt wird, in den Häusern um den Marktplatz herum und in dessen Nähe, die Dächer aufzudecken, oder gar Gerüste anzubringen, auch dürfen, während der Hinrichtung, auf dem ganzen Marktplatze und in den Straßen und Gassen in dessen Nähe, Wagen, Fässer und dergleichen für Zuschauer, schlechterdings nicht aufgestellt werden.

Leipzig am 23. August 1824.

 (L.S.) Der **Stadtmagistrat zu Leipzig.**

Leipziger Magistratsver-ordnung, 23. August 1824.

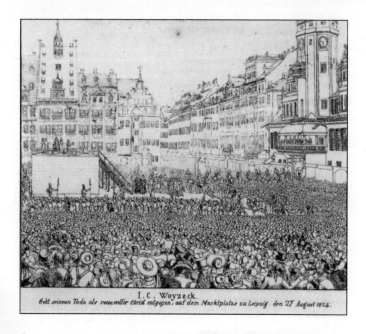

I. C. Woyzeck.
Geht seinem Tode als reuevoller Christ entgegen, auf dem Marktplatze zu Leipzig den 27 August 1824.

Öffentliche Hinrichtung Johann Christian Woyzecks mit dem Schwert.

Aus dem Tagebuch des Leipziger Musikers und Dichters Ernst Anschütz (1780–1861):

„Freitag, den 27. August [1824]. Heiter und sehr warm. Hinrichtung des Delinquenten Woyzeck. Das Schaffot war mitten auf dem Markt gebaut. 54 Cürassiere von Borna hielten Ordnung um das Schaffot: das Halsgericht wurde auf dem Rathause gehalten. Kurz vor halb 11 Uhr war der Stab gebrochen, 5 dann kam gleich der Delinquent aus dem Rathause, Goldhorn und Hänsel gingen zur Seite und die Rathsdiener in Harnisch, Sturmhaube und Piken voran, rechts und links; die Geistlichen blieben unten am Schaffot; der Delinquent ging mit viel Ruhe allein auf das Schaffot, kniete nieder und betete laut mit viel 10 Umstand, band sich das Halstuch selbst ab, setzte sich auf den Stuhl und rückte ihn zurecht, und schnell mit großer Geschicklichkeit hieb ihm der Scharfrichter den Kopf ab, sodaß er noch auf dem breiten Schwerdte saß, bis der Scharfrichter das Schwerdt wendete und er herabfiel. Das Blut strömte nicht 15 hoch empor; sogleich öffnete sich eine Fallthür, wo der Körper, der noch ohne eine Bewegung gemacht zu haben auf dem Stuhle saß, hinabgestürzt wurde; sogleich war er unten in einen Sarg gelegt und mit Wache auf die Anatomie getragen. Alsbald wurde auch schnell das Schaffot abgebrochen, und als 20 dies geschehen war, ritten die Cürassiere fort. Die Gewölbe, die vorher alle geschlossen waren, wurden geöffnet und alles ging an seine Arbeit. Daß Vormittags keine Schule war, versteht sich."

Vgl. den Beitrag von Jan-Christoph Hauschild, in: Georg Büchner Jahrbuch 4/1984.

Letzte Notizen Johann Christian Woyzecks. 1824.

Letztes Gebet

Vater! ich komme. Ja, mein himm-
lischer Vater. Du rufst mich, dein
gnädiger Wille geschehe! Danke!
Herzlichen dank. Preiß und Ehre
sey dier, allerbarmer, daß du bey
aller meiner grossen Schult, dennoch liebreich auf mich blickst
und mich würdigst. Dein zu seyn!
Dank sey dier, daß du nach so vielen außgestandenen Leiden, die
Thränen trocknest, die ich dier so
manche wäyhte. Vater, ich befehle
meinen Geist in deine Hände! dier
lebe ich, dier Sterbe ich, dein bin
ich tott, und lebendig, amen.
Herr Hilf! Herr, laß wohl gelingen!
amen.

Johann Christ. Woycecky

*Johann Christian Woyzeck
(3. Januar 1780 – 27. August
1824), 1824.*

Woyzeck

Am 21. Juni des Jahres 1821, um halb zehn Uhr abends, ersticht der einundvierzigjährige Friseur Johann Christian Woyzeck seine Geliebte, die sechsundvierzigjährige Witwe des
Chirurgen Woost, im Hauseingang ihrer Wohnung in der Sand-
gasse zu Leipzig. Die Tat wird verübt mit Hilfe einer abgebro- 5
chenen Degenklinge; Woyzeck hatte sie kurz vorher erworben
in der Absicht, die Frau damit zu bedrohen. Am Nachmittag
des Tages der Tat hatte er noch einen Griff daran befestigen
lassen. Der Täter läuft weg, als er die Frau tot vor sich sieht
(eine tiefe Brustwunde hatte sofort zum Tode geführt), wird 10
aber gleich ergriffen und lässt sich willig abführen. Seine Tä-
terschaft zu leugnen kommt ihm nicht in den Sinn.
    Ein klarer Fall. Mord aus Eifersucht. Othello im Milieu Leip-
ziger Kleinbürgertums. Die ganze Nachbarschaft hatte seit lan-
gem gewusst, wie schlecht sich das Verhältnis zwischen Woy- 15
zeck und der Frau anließ. Die heftige Szene, die zur Tat geführt
hatte, war nichts Ungewöhnliches; schon früher hatte es Streit
und Misshandlung zwischen beiden gegeben. Die Frau, ältlich
und keineswegs schön, liebte es, sich mit den Soldaten der
Stadtwache herumzutreiben; sie galt weder als besonders 20
wählerisch noch als schwer zu gewinnen. Den Woyzeck hatte
sie mehr und mehr zurückgewiesen und vernachlässigt. Sie
weigerte sich, mit dem heruntergekommenen, abgerissen aus-
schauenden Mann, diesem Menschen ohne Arbeit und feste
Stellung, öffentlich gesehen zu werden, ließ ihn Missachtung 25
und Zurückweisung fühlen. So hatte der Verschmähte seit lan-
gem mit dem Gedanken gespielt sich zu rächen; es bedurfte
nur einer erneuten Abweisung in der Stunde der Tat, um Woyzeck in jene besinnungslose Wut und Erregung zu versetzen,
die ihn zustoßen ließ. 30
    Soweit ist alles klar, und Woyzeck gibt bereitwillig Aus-
kunft, sucht nichts abzuleugnen oder zu beschönigen. Das Ge-
richtsverfahren wegen Mordes wird eingeleitet, die Verteidi-
gungsschrift eingereicht. Sie plädiert nur auf mildernde Um-

35 stände. Alles scheint seinen üblichen Verlauf zu nehmen, als in
   Nürnberger Zeitungen die Nachricht verbreitet wird, Woyzeck
   habe früher zeitweise an Bewusstseinsstörungen gelitten und
   auf Leute, die ihn kannten, gelegentlich den Eindruck eines Un-
   zurechnungsfähigen gemacht. Jetzt regt die Verteidigung
40 natürlich eine gerichtsärztliche Untersuchung Woyzecks und
   eine Beobachtung seines Gemütszustandes an, die vom Ge-
   richt auch angeordnet wird. Der Hofrat Dr. Clarus erhält den
   Auftrag, Woyzeck, der sich selbst keineswegs für unzurech-
   nungsfähig oder unverantwortlich gehalten hatte, zu beobach-
45 ten und seinen Geisteszustand zu beurteilen. Das geschieht.
   Nach etwa vier Wochen, im September 1821, legt Clarus das
   Ergebnis seiner Beobachtungen und Nachforschungen vor. Er
   hat mit Woyzeck seine verschiedenen Lebensstationen durch-
   gesprochen, sich ein Urteil über geistige und moralische Ei-
50 genschaften zu bilden versucht und kommt zu folgendem
   Schluss...

*H. Mayer: Georg Büchner und seine Zeit. (1946) Suhrkamp Verlag,
Frankfurt/Main 1972, S. 331 f.*

II Werk und Werkkontexte

1 Der psychologische Blick – „ein guter Mensch?"

[Gutachten des Hofrats Clarus zum Mordfall Woyzeck]

[Aus der Vorrede]

Mögen [...] alle, welche den Unglücklichen zum Tode beglei-
ten, oder Zeugen desselben seyn werden, das Mitgefühl, wel-
ches der Verbrecher als Mensch verdient, mit der Ueberzeu-
gung verbinden, daß das Gesetz, zur Ordnung des Ganzen,
auch gehandhabt werden müsse, und daß die Gerechtigkeit, 5
die das Schwerdt nicht umsonst trägt, Gottes Dienerin ist. –
Mögen Lehrer und Prediger, und alle Diejenigen, welche über
Anstalten des öffentlichen Unterrichts wachen, ihres hohen
Berufs eingedenk, nie vergessen, daß von ihnen eine bessere
Gesittung und eine Zeit ausgehen muß, in der es der Weisheit 10
der Regierungen und Gesetzgeber möglich seyn wird, die Stra-
fen noch mehr zu mildern, als es bereits geschehen ist. – Möge
die heranwachsende Jugend bei dem Anblicke des blutenden
Verbrechers, oder bei dem Gedanken an ihn, sich tief die Wahr-
heit einprägen, daß Arbeitsscheu, Spiel, Trunkenheit, unge- 15
setzmäßige Befriedigung der Geschlechtslust, und schlechte
Gesellschaft, ungeahnet und allmählich zu Verbrechen und
zum Blutgerüste führen können. – Mögen endlich alle, mit dem
festen Entschlusse, von dieser schauerlichen Handlung zurück-
kehren: Besser zu *seyn*, damit es besser *werde*. 20

Leipzig den 16. August 1824.   *Clarus*

*Beobachtungen, welche sich unmittelbar aus der Untersu-
chung des körperlichen und geistigen Zustandes des Inquisi-
ten, und unabhängig von dessen eigenen Auesserungen, er-
geben haben.*

Der Inquisit hat das Ansehen eines Mannes von 40 Jahren 5
und ist von mittler Statur, kräftigem, gedrungnem und völlig

regelmäßigen Körperbau, mittelmäßig genährt und von ziemlich starkem Bart und Haarwuchs. Der Kopf steht in richtigem Verhältniß zu dem übrigen Körper und ist von keiner unge-
10 wöhnlichen Form auch ohne Narben und andere Spuren erlittener Gewaltthätigkeiten. Während der ersten Minuten, nachdem er vorgeführt worden war, zitterte er gemeiniglich am ganzen Körper, so daß er selbst den Kopf nicht still zu halten vermögend war, und sein Puls- und Herzschlag war in diesem
15 Zustande sehr beschleunigt und verstärkt, sobald er sich aber etwas beruhigt hatte, ließ das Zittern nach, und ich fand Puls- und Herzschlag natürlich, ingleichen das Athemholen frei und gleichförmig. Man bemerkt keinen üblen Geruch aus dem Munde, die Zunge ist ohne Beleg, [...]
20 [...] Sein Auge ist nicht sonderlich belebt, aber von natürlichem Glanz und sein Blick fest, ernst, ruhig, und besonnen, keineswegs wild, frech, verstört, unstät oder zerstreut, aber auch eben so wenig traurig, niedergeschlagen, verlegen, gedankenlos oder erloschen. Das Gesicht ist blaß aber nicht eingefallen,
25 die Lippen roth, die Züge ziemlich tief gefurcht, aber weder ungewöhnlich gespannt, noch erschlafft. Seine Miene hat nichts Tückisches, Lauerndes, Abstossendes oder Zurückschreckendes und kündigt weder Furcht und Kummer, noch Unwillen und verhaltenen Zorn, überhaupt nichts Leidenschaftliches an.
30 [...]
[...] Seine Sprache ist stark und vernehmlich, auch gehörig articulirt und betont, nicht affectuirt, nicht polternd oder schleppend, seine Art sich auszudrücken kurz, bestimmt, treffend, ohne Abschweifungen und Wiederholungen. In seinen
35 Reden und Antworten zeigt er ohne alle Ausnahme Aufmerksamkeit, Besonnenheit, Ueberlegung, schnelles Auffassen, richtiges Urtheil und treues Gedächtniß. Der Verstand, dessen Anlagen zwar nicht ausgezeichnet, aber doch mehr als mittelmäßig zu nennen sind, erscheint weniger durch Erziehung und
40 Unterricht ausgebildet, als durch mannichfaltige Schicksale, Aufenthalt in verschiedenen Ländern, Kriegsdienste, Gefahren und Mühseligkeiten geübt, gereift und zu einer praktischen Si-

cherheit gediehen. Seine Begriffe von den Gegenständen und
Begebenheiten, die er gesehen und erfahren hat, sind seinem
Stande und seiner Erziehung vollkommen angemessen, zeu- 45
gen von ruhiger, mit freyem, unbefangenem Sinne angestellter
Beobachtung, und sind eben so weit entfernt von exaltirter
Verkehrtheit als von stumpfer Verworrenheit. [...]

[Lebensumstände vor dem Mord]

In der letzten Zeit sey es ihm sehr übel ergangen, weil es ihm
öfters an Arbeit gefehlt habe und ihm selbst die Versuche, als
Handlanger bei den Maurern oder auf der Ziegelscheune etwas
zu verdienen, fehlgeschlagen seyen. Er sey daher, weil er kein
Schlafgeld bezahlen können, oft acht Tage lang des Nachts 5
unter freiem Himmel geblieben, ohne sich jedoch, weil er das
Bivouakiren gewohnt sey, viel daraus zu machen, sey auch am
Tage mißmuthig und ohne zu wissen, was er anfangen solle,
im Felde und an den einsamsten Orten umhergestrichen, bis
ihn der Hunger dann und wann in die Stadt getrieben habe, um 10
sich von seinem Stiefvater oder seinem Stiefbruder etwas zu
essen geben zu lassen, worauf er immer wieder aufs Feld
zurückgekehrt sey. Unterstützungen und Almosen habe er
unter andern von Herrn Förster auf der Grabengasse und von
Herrn Lacarriere erhalten, [...] 15

[Woyzecks Verhältnis zur Woostin]

Sein Umgang mit der Woostin schreibe sich von der Zeit her,
wo er bei ihrer Mutter gewohnt habe, und es sey, obgleich ein
ausdrückliches Versprechen nicht Statt gefunden, dennoch ihr
beiderseitiger Wille gewesen, sich zu ehelichen, wozu es aber,
weil es mit ihm immer nicht fort gewollt habe, nicht gekom- 5
men sey. Unterstützungen habe er von der Woostin nicht erhalten, weil sie selbst nicht viel gehabt habe, und der fleischli-
che Umgang mit ihr sey dadurch, daß sie sich seit einiger Zeit
auch mit einem andern eingelassen, obwohl es deshalb zwischen ihnen zu Streitigkeiten und Thätlichkeiten gekommen 10

sey, dennoch nicht unterblieben, da sie ihm nicht nur den Bey-
schlaf niemals verweigert, sondern ihn sogar oftmals deshalb
bestellt habe. [...]

[Woyzecks Verhältnis zur Wienbergin]

[...] Ausführlicher [...] gibt er bei seinen neuen Vernehmungen
an [zweites Gutachten; Hrsg.], daß er im Jahre 1810 Umgang
mit einer ledigen Weibsperson, der Wienbergin, gehabt, mit
dieser ein Kind gezeugt, während der Zeit, als er bei den Meck-
5 lenburgischen Truppen gestanden, auf die Nachricht, daß sich
diese Person unterdessen mit andern abgebe, zuerst eine Veränderung in seinem Gemüthszustande bemerkt, dieserhalb
sich wieder zu den Schweden begeben und den frühern Umgang mit ihr fortgesetzt habe. Diese Veränderung habe sich da-
10 durch geäussert, daß er ganz still geworden und von seinen
Kameraden deßhalb oft vexirt worden sey, ohne sich ändern zu
können, so daß er, ob er gleich seine Gedanken möglichst auf
das zu richten gesucht, was er gerade vorgehabt, es nichts des-
toweniger verkehrt gemacht habe, weil ihm zuweilen auf halbe
15 Stunden lang, oft auch nur kürzere Zeit, die Gedanken vergan-
gen seyen. Mit dieser Gedankenlosigkeit habe sich späterhin,
in Stettin, ein Groll gegen einzelne Personen verbunden, so
daß er, gegen alle Menschen überhaupt erbittert, sich von
ihnen zurückgezogen habe und deßwegen oft ins Freie gelau-
20 fen sey. Ueberdieß habe er beunruhigende Träume von Frei-
maurern gehabt und sie mit seinen Begegnissen in Beziehung
gebracht. [...]

[Woyzecks soziale und psychische Situation]

[...] Inzwischen habe ihn alles dieses nicht gehindert, alle seine
Geschäfte ordentlich zu verrichten, und so habe er z.B. in diesem Zustand beim Regiment den Dienst eines Gefreiten, der
ihm eigentlich nicht zugekommen, und wobei öfters zu schrei-
5 ben gewesen, ohne Anstoß versehen. Sein ganzes Unglück
aber sey eigentlich gewesen, daß er die Wienbergin habe sit-

zen lassen, da ihm doch seine Officiers späterhin zu dem Trauschein hätten behülflich seyn wollen. Blos dadurch, daß er hierzu keine Anstalten gemacht, sey sein vorher guter Charakter verbittert worden, weil es nun einmal vorbei gewesen sey, 10 und er es nicht wieder habe gut machen können. Der Gedanke an sein Kind und an diese von ihm verlassene Person sey ganz allein die Ursache seiner beständigen Unruhe geworden, und daß er nie habe einig mit sich selbst werden können. Späterhin habe er sich auch Vorwürfe wegen seines Umgangs mit der 15 Woostin gemacht, da er doch eigentlich die Wienbergin habe heirathen sollen. Er habe sich daher auch geärgert, wenn die Leute von ihm gesagt hätten, daß er ein guter Mensch sey, weil er gefühlt habe, daß er es nicht sey. [...]

Georg Büchner: Werke und Briefe. Historisch-kritische Ausgabe. Hrsg. von Werner R. Lehmann, 5. Aufl. Carl Hanser Verlag, München 1997.

2 Der naturwissenschaftliche Blick – „Die Natur handelt nicht nach Zwecken"

Georg Büchner: Über Schädelnerven

Probevorlesung in Zürich 1836

Hochgeachtete Zuhörer!
... Es treten uns auf dem Gebiete der physiologischen und anatomischen Wissenschaften zwei sich gegenüberstehende Grundansichten entgegen, die sogar ein nationelles Gepräge tragen, indem die eine in England und Frankreich, die andere 5 in Deutschland überwiegt. Die erste betrachtet alle Erscheinungen des organischen Lebens vom teleologischen Standpunkt aus; sie findet die Lösung des Rätsels in dem Zweck, der Wirkung, in dem Nutzen der Verrichtung eines Organs. Sie kennt das Individuum nur als etwas, das einen Zweck außer 10 sich erreichen soll, und nur in seiner Bestrebung, sich der Außenwelt gegenüber teils als Individuum, teils als Art zu behaupten. [...]

Die teleologische Methode bewegt sich in einem ewigen Zirkel,
15 indem sie die Wirkungen der Organe als Zwecke voraussetzt.
Sie sagt zum Beispiel: Soll das Auge seine Funktion versehen,
so muß die Hornhaut feucht erhalten werden, und somit ist
eine Tränendrüse nötig. Diese ist also vorhanden, damit das
Auge feucht erhalten werde, und somit ist das Auftreten dieses
20 Organs erklärt; es gibt nichts weiter zu fragen. Die entgegen-
gesetzte Ansicht sagt dagegen: die Tränendrüse ist nicht da,
damit das Auge feucht werde, sondern das Auge wird feucht,
weil eine Tränendrüse da ist, oder, um ein anderes Beispiel zu
geben, wir haben nicht Hände, damit wir greifen können, son-
25 dern wir greifen, weil wir Hände haben. Die größtmögliche
Zweckmäßigkeit ist das einzige Gesetz der teleologischen Methode; nun fragt man aber natürlich nach dem Zwecke dieses
Zweckes, und so macht sie auch ebenso natürlich bei jeder
Frage einen progressus in infinitum.
30 Die Natur handelt nicht nach Zwecken, sie reibt sich nicht
in einer unendlichen Reihe von Zwecken auf, von denen der
eine den anderen bedingt; sondern sie ist in allen ihren Äuße-
rungen sich unmittelbar selbst genug. Alles, was ist, ist um seiner selbst willen da. Das Gesetz dieses Seins zu suchen, ist das
35 Ziel der der teleologischen gegenüberstehenden Ansicht, die
ich die philosophische nennen will. Alles, was für jene Zweck
ist, wird für diese Wirkung. Wo die teleologische Schule mit
ihrer Antwort fertig ist, fängt die Frage für die philosophische
an. Diese Frage, die uns auf allen Punkten anredet, kann ihre
40 Antwort nur in einem Grundgesetze für die gesamte Organisa-
tion finden, und so wird für die philosophische Methode das
ganze körperliche Dasein des Individuums nicht zu seiner eigenen Erhaltung aufgebracht, sondern es wird die Manifestati-
on eines Urgesetzes, eines Gesetzes der Schönheit, das nach
45 den einfachsten Rissen und Linien die höchsten und reinsten
Formen hervorbringt. [...]
Die Frage nach einem solchen Gesetze führte von selbst zu
den Quellen der Erkenntnis, aus denen der Enthusiasmus des
absoluten Wissens sich von je berauscht hat, der Anschauung

des Mystikers und dem Dogmatismus der Vernunftphilo- 50
sophen. Daß es bis jetzt gelungen sei, zwischen letzterem
und dem Naturleben, das wir unmittelbar wahrnehmen, eine
Brücke zu schlagen, muß die Kritik verneinen. Die Philosophie
a priori sitzt noch in einer trostlosen Wüste; sie hat einen wei-
ten Weg zwischen sich und dem frischen grünen Leben, und es 55
ist eine große Frage, ob sie ihn je zurücklegen wird. [...]

*Georg Büchner: Werke und Briefe, Deutscher Taschenbuch Verlag, München
1997.*

3 Der sozialwissenschaftliche Blick – „Unsere Zeit ist rein materiell"

3.1 Tugend und Moral – „Ein guter Mensch tut das nicht"

Dantons Tod (1835)

MERCIER. Und die Moral?

PAYNE. Erst beweist ihr Gott aus der Moral und dann die Moral
aus Gott. Was wollt ihr denn mit eurer Moral? Ich weiß nicht
ob es an und für sich was Böses oder was Gutes giebt, und
habe deßwegen noch nicht nöthig meine Handlungsweise zu 5
ändern. Ich handle meiner Natur gemäß, was ihr angemessen, ist für mich gut und ich thue es und was ihr zuwider, ist
für mich bös und ich thue es nicht und vertheidige mich dagegen, wenn es mir in den Weg kommt. Sie können, wie man
so sagt, tugendhaft bleiben und sich gegen das sogenannte 10
Laster wehren, ohne deßwegen ihre Gegner verachten zu
müssen, was ein gar trauriges Gefühl ist.

*„Dantons Tod", in: G. Büchner: Werke und Briefe. 5. Aufl. Carl Hanser Verlag,
München 1997.*

An Gutzkow

[Darmstadt, den 21. Februar 1835]

Mein Herr!

Vielleicht hat es Ihnen die Beobachtung, vielleicht, im unglück-
licheren Fall, die eigne Erfahrung schon gesagt, daß es einen
Grad von Elend gibt, welcher jede Rücksicht vergessen und
5 jedes Gefühl verstummen macht. Es gibt zwar Leute, welche
behaupten, man solle sich in einem solchen Falle lieber zur
Welt hinaushungern, aber ich könnte die Widerlegung in
einem seit Kurzem erblindeten Hauptmann von der Gasse auf-
greifen, welcher erklärt, er würde sich totschießen, wenn er
10 nicht gezwungen sei, seiner Familie durch sein Leben seine
Besoldung zu erhalten. Das ist entsetzlich. Sie werden wohl
einsehen, daß es ähnliche Verhältnisse geben kann, die Einen
verhindern, seinen Leib zum Notanker zu machen, um ihn von
dem Wrack dieser Welt in das Wasser zu werfen. (...)

G. Büchner: Werke und Briefe. dtv, München 1997.

Leonce und Lena (1836)

ZWEITE SCENE
EIN ZIMMER

König Peter wird von zwei Kammerdienern angekleidet.
PETER *während er angekleidet wird.* Der Mensch muß denken
und ich muß für meine Unterthanen denken, denn sie denken nicht, sie denken nicht. – Die Substanz ist das ‚an sich‘,
5 das bin ich. *Er läuft fast nackt im Zimmer herum.* Begriffen?
An sich ist an sich, versteht ihr? Jetzt kommen meine Attri-
bute, Modificationen, Affectionen und Accidenzien, wo ist
mein Hemd, meine Hose? – Halt, pfui! der freie Wille steht
davorn ganz offen. Wo ist die Moral, wo sind die Manschet-
10 ten?

*„Leonce und Lena", in: G. Büchner: Werke und Briefe. 5. Aufl. Carl Hanser Ver-
lag, München 1997.*

An die Braut

Nov. 1833

Der Einzelne nur Schaum auf der Welle, die Größe ein bloßer
Zufall, die Herrschaft des Genies ein Puppenspiel, ein lächerli-
ches Ringen gegen ein ehernes Gesetz, es zu erkennen das
Höchste, es zu beherrschen unmöglich. Es fällt mir nicht mehr
ein, vor den Paradegäulen und Eckstehern der Geschichte 5
mich zu bücken. Ich gewöhnte mein Auge ans Blut. Aber ich
bin kein Guillotinenmesser. Das *muß* ist eins von den Verdam-
mungsworten, womit der Mensch getauft worden. Der Aus-
spruch: es muß ja Ärgernis kommen, aber wehe dem, durch
den es kommt, – ist schauderhaft. Was ist das, was in uns lügt, 10
mordet, stiehlt?

G. Büchner: Werke und Briefe. dtv, München 1997.

3.2 Natur und Freiheit – „Die Natur! Woyzeck, der Mensch ist frei"

Rekruten-Vorstellung in Darmstadt

Leonce und Lena (1836)

zurück. Ach Valerio, hast du es gehört?

VALERIO. Nun Sie sollen König werden, das ist eine lustige
5   Sache. Man kann den ganzen Tag spazieren fahren und den
Leuten die Hüte verderben durch's viele Abziehen, man kann
aus ordentlichen Menschen ordentliche Soldaten ausschnei-
den, so daß Alles ganz natürlich wird, man kann schwarze
Fräcke und weiße Halsbinden zu Staatsdienern machen, und
10   wenn man stirbt, so laufen alle blanken Knöpfe blau an und
die Glockenstricke reißen wie Zwirnsfäden vom vielen Läu-
ten. Ist das nicht unterhaltend?

„Leonce und Lena", in: G. Büchner: Werke und Briefe. 5. Aufl. Carl Hanser Ver-
lag, München 1997.

Leonce und Lena (1836)

VALERIO. Aber eigentlich wollte ich einer hohen und geehrten
Gesellschaft verkündigen, daß hiermit die zwei weltberühm-
ten Automaten angekommen sind und daß ich vielleicht der
5   dritte und merkwürdigste von beiden bin, wenn ich eigentlich selbst recht wüßte, wer ich wäre, worüber man übrigens

Joseph Faber und seine Sprechmaschine

sich nicht wundern dürfte, da ich selbst gar nichts von dem weiß, was ich rede, ja auch nicht einmal weiß, daß ich es nicht weiß, so daß es höchst wahrscheinlich ist, daß man mich nur so reden läßt, und es eigentlich nichts als Walzen und Windschläuche sind, die das Alles sagen. *Mit schnar-* 10 *rendem Ton.* Sehen Sie hier meine Herren und Damen, zwei Personen beiderlei Geschlechts, ein Männchen und ein Weibchen, einen Herrn und eine Dame. Nichts als Kunst und Mechanismus, nichts als Pappendeckel und Uhrfedern. Jede hat eine feine Feder von Rubin unter dem Nagel der kleinen 15 Zehe am rechten Fuß, man drückt ein klein wenig und die Mechanik läuft volle fünfzig Jahre.

„Leonce und Lena", in: G. Büchner: Werke und Briefe. Carl Hanser Verlag, München 1997.

An die Familie

Gießen, im Februar 1834

[...] *Ich verachte Niemanden,* am wenigsten wegen seines Verstandes oder seiner Bildung, weil es in Niemands Gewalt liegt, kein Dummkopf oder kein Verbrecher zu werden, – weil wir durch gleiche Umstände wohl Alle gleich würden, und weil die Umstände außer uns liegen. Der *Verstand* nun gar ist nur eine 5 sehr geringe Seite unsers geistigen Wesens und die Bildung nur eine sehr zufällige Form desselben. [...] Ich habe freilich noch eine Art von Spott, es ist aber nicht der der Verachtung, sondern der des Hasses. Der Haß ist so gut erlaubt als die Liebe, und ich hege ihn im vollsten Maße gegen die, *welche* 10 *verachten.* Es ist deren eine große Zahl, die im Besitze einer lächerlichen Äußerlichkeit, die man Bildung, oder eines toten Krams, den man Gelehrsamkeit heißt, die große Masse ihrer Brüder ihrem verachtenden Egoismus opfern. Der Aristokratis- mus ist die schändlichste Verachtung des heiligen Geistes im 15 Menschen; gegen ihn kehre ich seine eigenen Waffen; Hochmut gegen Hochmut, Spott gegen Spott. –

G. Büchner: Werke und Briefe. dtv, München 1997.

An die Familie

Straßburg, 1. Jan. 1836

Nur ein völliges Mißkennen unserer gesellschaftlichen Verhältnisse konnte die Leute glauben machen, daß durch die Tages-
literatur eine völlige Umgestaltung unserer religiösen und gesellschaftlichen Ideen möglich sei. Auch teile ich keineswegs
5 ihre Meinung über die Ehe und das Christentum; aber ich är-
gere mich doch, wenn Leute, die in der Praxis tausendfältig
mehr gesündigt als diese in der Theorie, gleich moralische Gesichter ziehn und den Stein auf ein jugendliches, tüchtiges Talent werfen. Ich gehe meinen Weg für mich und bleibe auf dem
10 Felde des Dramas, das mit all diesen Streitfragen nichts zu tun
hat; ich zeichne meine Charaktere, wie ich sie der Natur und
der Geschichte angemessen halte, und lache über die Leute,
welche mich für die Moralität oder Immoralität derselben ver-
antwortlich machen wollen. Ich habe darüber meine eigenen
15 Gedanken…

Ich komme vom Christkindelsmarkt; überall Haufen zer-
lumpter, frierender Kinder, die mit aufgerissenen Augen und
traurigen Gesichtern vor den Herrlichkeiten aus Wasser und
Mehl, Dreck und Goldpapier standen. Der Gedanke, daß für die
20 meisten Menschen auch die armseligsten Genüsse und Freuden unerreichbare Kostbarkeiten sind, machte mich sehr bitter.

G. Büchner: Werke und Briefe. dtv, München 1997.

An die Familie

Straßburg, 5. April 1833

Was nennt Ihr denn *gesetzlichen Zustand? Ein Gesetz*, das die
große Masse der Staatsbürger zum fronenden Vieh macht, um
die unnatürlichen Bedürfnisse einer unbedeutenden und ver-
dorbenen Minderzahl zu befriedigen? Und dies Gesetz, unter-
stützt durch eine rohe Militärgewalt und durch die dumme Pfif-
figkeit seiner Agenten, dies Gesetz ist eine *ewige, rohe Gewalt*,
angetan dem Recht und der gesunden Vernunft, und ich werde
mit *Mund* und *Hand* dagegen kämpfen, wo ich kann.

G. Büchner: Werke und Briefe. dtv, München 1997.

3.3 Zeit – „ewig, das ist ewig, das ist ewig, das siehst du ein"

Dantons Tod (1835)

DANTON. Ich werde, du wirst, er wird. Wenn wir bis dahin noch leben, sagen die alten Weiber. Nach einer Stunde werden sechzig Minuten verflossen seyn. Nicht wahr mein Junge?
CAMILLE. Was soll das hier? das versteht sich von selbst.

„Dantons Tod", in: G. Büchner: Werke und Briefe. Carl Hanser Verlag, München 1997.

Leonce und Lena (1836)

Valerio, halb trunken, kommt gelaufen.
LEONCE. Wie der Mensch läuft! Wenn ich nur etwas unter der Sonne wüßte, was mich noch könnte laufen machen.

„Leonce und Lena", in: G. Büchner: Werke und Briefe. Carl Hanser Verlag, München 1997.

Leonce und Lena (1836)

LEONCE. Daß die Wolken schon seit drei Wochen von Westen nach Osten ziehen. Es macht mich ganz melancholisch.
HOFMEISTER. Eine sehr gegründete Melancholie.

„Leonce und Lena", in: G. Büchner: Werke und Briefe. Carl Hanser Verlag, München 1997.

Dantons Tod

Danton, Lacroix, Philippeau, Paris, Camille Desmoulins.
CAMILLE. Rasch Danton wir haben keine Zeit zu verlieren.
DANTON *er kleidet sich an.* Aber die Zeit verliert uns.
Das ist sehr langweilig immer das Hemd zuerst und dann die Hosen drüber zu ziehen und des Abends in's Bett und Mor-

gens wieder heraus zu kriechen und einen Fuß immer so vor den andern zu setzen, da ist gar kein Absehens wie es anders werden soll. Das ist sehr traurig und daß Millionen es schon so gemacht haben und daß Millionen es wieder so machen werden und, daß wir noch obendrein aus zwei Hälften bestehen, die beyde das Nämliche thun, so daß Alles doppelt geschieht. Das ist sehr traurig.

„Dantons Tod", in: G. Büchner: Werke und Briefe. Carl Hanser Verlag, München 1997.

An Gutzkow

Straßburg 1836

[...] Übrigens, um aufrichtig zu sein. Sie und Ihre Freunde scheinen mir nicht gerade den klügsten Weg gegangen zu sein. Die Gesellschaft mittelst der Idee, von der gebildeten Klasse aus reformieren? Unmöglich! Unsere Zeit ist rein materiell, wären Sie je direkter politisch zu Werk gegangen, so wären Sie bald auf den Punkt gekommen, wo die Reform von selbst aufgehört hätte. Sie werden nie über den Riß zwischen der gebildeten und ungebildeten Gesellschaft hinauskommen. [...]

G. Büchner: Werke und Briefe. dtv, München 1997.

An die Familie

Straßburg, den 17. August 1835

Von Umtrieben weiß ich nichts. Ich und meine Freunde sind sämtlich der Meinung, daß man für jetzt Alles der Zeit überlassen muß.

G. Büchner: Werke und Briefe. dtv, München 1997.

An Gutzkow

Straßburg 1835

Das Verhältnis zwischen Armen und Reichen ist das einzige revolutionäre Element in der Welt.

G. Büchner: Werke und Briefe. dtv, München 1997.

Leonce und Lena

LENA. Ja wohl – und der Priester hebt schon das Messer. – Mein Gott, mein Gott, ist es denn wahr, daß wir uns selbst erlösen müssen mit unserm Schmerz? Ist es denn wahr, die Welt sei ein gekreuzigter Heiland, die Sonne seine Dornenkrone und die Sterne die Nägel und Speere in seinen Füßen und Lenden?

„Leonce und Lena", in: G. Büchner: Werke und Briefe. Carl Hanser Verlag, München 1997.

Dantons Tod

Unser Leben ist der Mord durch Arbeit; wir hängen sechzig Jahre lang am Strick und zappeln, aber wir werden uns losschneiden.

Dantons Tod (1835)

ERSTER BÜRGER. Ja ein Messer, aber nicht für die arme Hure, was that sie? Nichts! Ihr Hunger hurt und bettelt. Ein Messer für die Leute, die das Fleisch unserer Weiber und Töchter kaufen! Weh über die, so mit den Töchtern des Volkes huren! Ihr habt Kollern im Leib und sie haben Magendrücken, ihr habt Löcher in den Jacken und sie haben warme Röcke, ihr habt Schwielen in den Fäusten und sie haben Sammthände. Ergo ihr arbeitet und sie thun nichts, ergo ihr habt's erworben und sie haben's gestohlen; ergo, wenn ihr von eurem gestohlnen

Eigenthum ein paar Heller wieder haben wollt, müßt ihr huren und betteln; ergo sie sind Spitzbuben und man muß sie todtschlagen.

„Dantons Tod", in: G. Büchner: Werke und Briefe. Carl Hanser Verlag, München 1997.

Friedrich Hölderlin: Der Gang aufs Land (Ausschnitt) (1800)

Komm! ins Offene, Freund! zwar glänzt ein Weniges heute
    Nur herunter und eng schließet der Himmel uns ein.
Weder die Berge sind noch aufgegangen des Waldes
    Gipfel nach Wunsch und leer ruht von Gesange die Luft.
Trüb ist's heut, es schlummern die Gäng und die Gassen und fast will
Mir es scheinen, es sei, als in der bleiernen Zeit.
[...]

F. Hölderlin: Sämtliche Werke und Briefe. Bd. 1: Gedichte. Hg. von Jochen Schmidt. Dt. Klassiker Verlag, Frankfurt am Main 1992, S. 276

III Zeit und Zeitumstände

1 Der Hessische Landbote (1834)

Friede den Hütten! Krieg den Palästen!

Im Jahr 1834 sieht es aus, als würde die Bibel Lügen gestraft. Es sieht aus, als hätte Gott die Bauern und Handwerker am 5ten Tage, und die Fürsten und Vornehmen am 6ten gemacht, und als hätte der Herr zu diesen gesagt: Herrschet über alles Getier, das auf Erden kriecht, und hätte die Bauern und Bürger 5 zum Gewürm gezählt. Das Leben der Vornehmen ist ein langer Sonntag, sie wohnen in schönen Häusern, sie tragen zierliche Kleider, sie haben feiste Gesichter und reden eine eigne Sprache; das Volk aber liegt vor ihnen wie Dünger auf dem Acker. Der Bauer geht hinter dem Pflug, der Vornehme aber geht hin- 10 ter ihm und dem Pflug und treibt ihn mit den Ochsen am Pflug, er nimmt das Korn und läßt ihm die Stoppeln. Das Leben des Bauern ist ein langer Werktag; Fremde verzehren seine Äcker vor seinen Augen, sein Leib ist eine Schwiele, sein Schweiß ist das Salz auf dem Tische des Vornehmen. 15

„Der Hess. Landbote", in: G. Büchner: Werke und Briefe. dtv, München 1997.

2 Der Hessische Landbote (1834)

Wer sind denn die, welche diese Ordnung gemacht haben, und die wachen, diese Ordnung zu erhalten? Das ist die Großherzogliche Regierung. Die Regierung wird gebildet von dem Großherzog und seinen obersten Beamten. Die andern Beamten sind Männer, die von der Regierung berufen werden, um 5 jene Ordnung in Kraft zu erhalten. Ihre Anzahl ist Legion: Staatsräte und Regierungsräte, Landräte und Kreisräte, Geistliche Räte und Schulräte, Finanzräte und Forsträte usw. mit allem ihrem Heer von Sekretären usw. Das Volk ist ihre Herde, sie sind seine Hirten, Melker und Schinder. 10

„Der Hess. Landbote", in: G. Büchner: Werke und Briefe, dtv, München 1997.

3   Bettina von Arnim: In der Armenkolonie (1843)

Vor dem Hamburger Tore, im sogenannten *Vogtland*, hat sich
eine förmliche Armenkolonie gebildet. Man lauert sonst jeder
unschuldigen Verbindung auf. Das aber scheint gleichgültig zu
sein, daß die Ärmsten in eine große Gesellschaft zusammen-
5 gedrängt werden, sich immer mehr abgrenzen gegen die übrige Bevölkerung und zu einem furchtbaren Gegengewichte an-
wachsen. Am leichtesten übersieht man einen Teil der Armen-
gesellschaft in den sogenannten „Familienhäusern". Sie sind
in viele kleine Stuben abgeteilt, von welchen jede einer Fami-
10 lie zum Erwerb, zum Schlafen und Küche dient. In vierhundert
Gemächern wohnen zweitausendfünfhundert Menschen. Ich
besuchte daselbst viele Familien und verschaffte mir Einsicht
in ihre Lebensumstände.

In der Kellerstube Nr. 3 traf ich einen Holzhacker mit einem
15 kranken Bein. [...] Dieser wurde arbeitsunfähig beim Bau der
neuen Bauschule. Sein Gesuch um Unterstützung blieb lange
Zeit unberücksichtigt. Erst als er ökonomisch völlig ruiniert
war, wurden ihm monatlich fünfzehn Silbergroschen zuteil. Er
mußte sich ins Familienhaus zurückziehen, weil er die Miete
20 für eine Wohnung in der Stadt nicht mehr bestreiten konnte.
Jetzt erhält er von der Armendirektion zwei Taler monatlich.

In Zeiten, wo es die unheilbare Krankheit des Beines ge-
stattet, verdient er einen Taler monatlich. [...] Dagegen kostet
die Wohnung zwei Taler; eine „Mahlzeit Kartoffeln" einen Sil-
25 bergroschen neun Pfennig; auf zwei tägliche Mahlzeiten be-
rechnet, beträgt die Ausgabe für das Hauptnahrungsmittel
dreieinhalb Taler im Monat. [...]

[...] Es ist leider jetzt so, daß sich die Armen, anstatt der
Reichen, der Armut schämen. [...]

30 [...] Es sind indessen die angeführten Beispiele weder aus-
gesucht noch ausgemalt, so daß sich leicht auf die übrigen Be-
wohner der Familienhäuser schließen läßt; und für einmal ist

deutlich genug nachgewiesen, wie man die Leute durch alle Stufen des Elendes, in den Zustand hinabsinken läßt, aus welchem sie sich, selbst mit erlaubten Mitteln, nicht wieder herausarbeiten können; und daß mit den als Almosen hingeworfenen Zinsen der Armengüter keinem aufgeholfen wird. [...] 35

Zitiert nach: Klassenbuch I. Ein Lesebuch zu den Klassenkämpfen in Deutschland 1756–1850. Luchterhand Verlag, Darmstadt und Neuwied 1972. S. 142 f., 145. Ausschnitte.

4 Was ist ein Proletarier? – Zwei Definitionen

anonym, Magdeburg 1844

Ein Proletarier ist ein Mensch, der arbeiten will und kann, dem es aber bei Gelegenheit an Arbeit oder an der ordentlichen Verwertung derselben gebricht. Ein Proletarier braucht deshalb im Augenblick noch nicht zu darben, aber er muß immer in Gefahr sein, bei ungünstiger Wendung der Dinge dem Elende anheimzufallen. Er verdient nur so wenig, daß er nie etwas erspart; er lebt aus der Hand in den Mund; was er heute verdient, das verbraucht er auch heute schon wieder; das Leben eines Proletariers ist also ein Kampf, der täglich mit dem Hunger um das Leben geführt wird. [Der Proletarier hat] ein Bewußtsein 10 seiner Lage [...] 5

Hierin unterscheidet sich der Proletarier wesentlich vom Armen, der sein Geschick als eine göttliche Vorbestimmung hinnimmt, nichts verlangt als Almosen und Faulheit. Der Proletarier hat sodann eingesehen, daß er sich in einem Zustande 15 befindet, der unerträglich und ungerecht ist, er hat reflektiert und fühlt die Sehnsucht nach Besitz; er will teilnehmen an den Freuden des Lebens [...] dazu kommt das Bewußtsein seiner Kraft [...] er hat gesehen, daß die Welt vor ihm gezittert hat; diese Erinnerung macht ihn kühn; er kommt so weit, die Gesetze und das Recht nicht mehr anzuerkennen. Bisher galt das Eigentum für ein Recht, er stempelt es zum Raube. 20

Karl Marx/Friedrich Engels, 1848

Unter Proletariat [wird verstanden] die Klasse der modernen
Lohnarbeiter, die, da sie keine eigenen Produktionsmittel be-
sitzen, darauf angewiesen sind, ihre Arbeitskraft zu verkaufen,
um leben zu können [...] In demselben Maße, worin sich die
5 Bourgeoisie, d. h. das Kapital, entwickelt, in demselben Maße
entwickelt sich das Proletariat, die Klasse der modernen Arbeiter, die nur so lange leben, als sie Arbeit finden, und die nur so
lange Arbeit finden, als ihre Arbeit das Kapital vermehrt. Diese
Arbeiter, die sich stückweis verkaufen müssen, sind eine Ware
10 wie jeder andere Handelsartikel und daher gleichmäßig allen
Wechselfällen der Konkurrenz, allen Schwankungen des Mark-
tes ausgesetzt. – Die Arbeit der Proletarier hat durch die Aus-
dehnung der Maschinerie und die Teilung der Arbeit allen
selbständigen Charakter und damit allen Reiz für die Arbeiter
15 verloren. Er wird ein bloßes Zubehör der Maschine, von dem
nur der einfachste, eintönigste, am leichtesten erlernbare
Handgriff verlangt wird.

Zitiert nach Wolfgang Emmerich (Hrsg.): Proletarische Lebensläufe. Band 1.
Rowohlt, Reinbek 1974, S. 43 f.

IV Ästhetik. Realismus. Politik –
„Ich verlange in allem – Leben."

1 Brüder Grimm: Das arme Mädchen

Es war einmal ein armes, kleines Mädchen, dem war Vater und
Mutter gestorben, es hatte kein Haus mehr, in dem es wohnen,
und kein Bett mehr, in dem es schlafen konnte, und nichts
mehr auf der Welt, als die Kleider, die es auf dem Leib trug, und
ein Stückchen Brod in der Hand, das ihm ein Mitleidiger ge- 5
schenkt hatte; es war aber gar fromm und gut. Da ging es hinaus, und unterwegs begegnete ihm ein armer Mann, der bat es
so sehr um etwas zu essen, da gab es ihm das Stück Brod;
dann ging es weiter, da kam ein Kind, und sagte: „es friert mich
so an meinem Kopf, schenk mir doch etwas, das ich darum 10
binde", da thät es seine Mütze ab und gab sie dem Kind. Und
als es noch ein bischen gegangen war, da kam wieder ein Kind,
und hatte kein Leibchen an, da gab es ihm seins; und noch weiter, da bat eins um ein Röcklein, das gab es auch von sich hin,
endlich kam es in Wald, und es war schon dunkel geworden, da 15
kam noch eins und bat um ein Hemdlein, und das fromme
Mädchen dachte: es ist dunkle Nacht, da kannst du wohl dein
Hemd weggeben, und gab es hin. Da fielen auf einmal die Sterne vom Himmel und waren lauter harte, blanke Thaler, und ob
es gleich sein Hemdlein weggegeben, hatte es doch eins an, 20
aber vom allerfeinsten Linnen, da sammelte es sich die Thaler
hinein und ward reich für sein Lebtag.

Urfassung. Hg. v. Friedrich Panzer. Wiesbaden o. J., S. 276

2 Jakob Michael Reinhold Lenz: Die Soldaten (1775/76)

[...] *Jungfer Zipfersaat tritt herein.*

MARIANE (*hier und da launigt herumknicksend*): Jungfer Zipfersaat hier hab ich die Ehre dir einen Baron zu präsentieren der sterblich verliebt in dich ist. Hier Herr Baron ist die Jungfer von der
5 wir so viel gesprochen haben und in die Sie sich neulich in der Komödie so sterblich verschameriert haben.

JUNGFER ZIPFERSAAT (*beschämt*): Ich weiß nicht wie du bist Marianel.

MARIANE (*einen tiefen Knicks*): Jetzt können Sie Ihre Liebesdeklaration machen.

10 (*Läuft ab, die Kammertür hinter sich zuschlagend. Jungfer Zipfersaat ganz verlegen tritt ans Fenster. Desportes der sie verächtlich angesehen, paßt auf Marianen, die von Zeit zu Zeit die Kammertür ein wenig öffnet*).

MARIANE (*steckt den Kopf heraus; höhnisch*): Na seid ihr bald fertig?
15 (*Desportes sucht sich zwischen die Tür einzuklemmen, Mariane sticht ihn mit einer großen Stecknadel fort; er schreit und läuft plötzlich heraus, um durch eine andere Tür in jenes Zimmer zu kommen. Jungfer Zipfersaat geht ganz verdrüßlich fort, derweil das Geschrei und Gejauchze im Nebenzimmer fortwährt*).

20 WESENERS ALTE MUTTER (*kriecht durch die Stube, die Brille auf der Nase, setzt sich in eine Ecke des Fensters und strickt und singt oder krächzt vielmehr mit ihrer alten rauhen Stimme*):

> Ein Mädele jung ein Würfel ist
> Wohl auf den Tisch gelegen:
25 > Das kleine Rösel aus Hennegau
> Wird bald zu Gottes Tisch gehen.
> (*Sie zählt die Maschen ab.*)

> Was lächelst so froh, mein liebes Kind
> Dein Kreuz wird dir'n schon kommen.
30 > Wenn's heißt das Rösel aus Hennegau
> Hab nun einen Mann genommen.

> O Kindlein mein, wie tut's mir so weh
> Wie dir dein' Äugelein lachen [...]

J. M. R. Lenz: Die Soldaten. 2. Aufz., 3. Szene. Ernst Klett Verlag, Stuttgart 1980.

3 Georg Büchner: [Kunstgespräch] (1835/36)

Büchners Erzählung ‚Lenz', aus der dieser Ausschnitt stammt,
behandelt das Ende des dem Wahnsinn verfallenden Sturm-
und-Drang-Dichters Michael Reinhold Lenz. Quellen hierfür
waren Briefe von Lenz und das Tagebuch des Pfarrers Oberlin im
Steintal, bei dem Lenz sich 1778 aufhielt. Dieser unterhält sich 5
hier mit seinem Freund Kaufmann, der ihn besucht, über Kunst.

Über Tisch war Lenz wieder in guter Stimmung: man sprach
von Literatur, er war auf seinem Gebiete. Die idealistische Peri-
ode fing damals an; Kaufmann war ein Anhänger davon, Lenz
widersprach heftig. Er sagte: Die Dichter, von denen man sage, 10
sie geben die Wirklichkeit, hätten auch keine Ahnung davon;
doch seien sie immer noch erträglicher als die, welche die Wirklichkeit verklären wollten. Er sagte: Der liebe Gott hat die Welt
wohl gemacht, wie sie sein soll, und wir können wohl nicht was
Besseres klecksen; unser einziges Bestreben soll sein, ihm ein 15
wenig nachzuschaffen. Ich verlange in allem – Leben, Möglich-
keit des Daseins, und dann ist's gut; wir haben dann nicht zu fragen, ob es schön, ob es häßlich ist. Das Gefühl, daß, was geschaffen sei, Leben habe, stehe über diesen beiden und sei das
einzige Kriterium in Kunstsachen. Übrigens begegne es uns nur 20
selten: in Shakespeare finden wir es, und in den Volksliedern
tönt es einem ganz, in Goethe manchmal entgegen; alles übrige kann man ins Feuer werfen. Die Leute können auch keinen
Hundsstall zeichnen. Da wollte man idealistische Gestalten,
aber alles, was ich davon gesehen, sind Holzpuppen. Dieser Ide- 25
alismus ist die schmählichste Verachtung der menschlichen
Natur. Man versuche es einmal und senke sich in das Leben des
Geringsten und gebe es wieder den Zuckungen, den Andeutun-
gen, dem ganzen feinen, kaum bemerkten Mienenspiel; er hätte
dergleichen versucht im ‚Hofmeister' und den ‚Soldaten'. Es 30
sind die prosaischsten Menschen unter der Sonne; aber die Ge-
fühlsader ist in fast allen Menschen gleich, nur ist die Hülle
mehr oder weniger dicht, durch die sie brechen muß. Man muß
nur Aug und Ohren dafür haben. […]

35 [...] Man muß die Menschheit lieben, um in das eigentüm-
liche Wesen jedes einzudringen; es darf einem keiner zu ge-
ring, keiner zu häßlich sein, erst dann kann man sie verstehen;
das unbedeutendste Gesicht macht einen tiefern Eindruck als
die bloße Empfindung des Schönen, und man kann die Gestal-
40 ten aus sich heraustreten lassen, ohne etwas vom Äußern hinein zu kopieren, wo einem kein Leben, keine Muskeln, kein Puls
entgegenschwillt und pocht.

[...] Der Dichter und Bildende ist mir der liebste, der mir die
Natur am wirklichsten gibt, so daß ich über seinem Gebild
45 fühle; alles übrige stört mich. [...]

„ Lenz", in: G. Büchner: Werke und Briefe. Carl Hanser Verlag, München 1997.

4 Erich Kästner: [Realismus] (1957)

[...] Büchners „Realismus" ist eine nebenberufliche Begleiter-
scheinung und soll weder bestritten noch unterschätzt werden.
Aber sein künstlerischer Wille strebte – das beweisen die Szenen mit dem Hauptmann und dem Doktor, wie auch die
5 Großmutter mit ihrem makabren Märchen – in die völlig ent-
gegengesetzte Richtung, in das seinerzeit von Dramatikern
nicht nur unbesiedelte, sondern überhaupt noch nicht ent-
deckte Gebiet der tragischen Groteske.

Die Situationen sind Grenzsituationen, und zwar jenseits
10 der Grenze. Die Bilder auf der Bühne sind Zerrbilder. Die Wirklichkeit und die Kritik an ihr verzehnfachen sich durch die Ge-
nauigkeit der Übertreibung. Dieser Doktor und dieser Hauptmann, doch auch der Tambourmajor und der Marktschreier
sind Karikaturen. Sie haben eine Maske vorm Gesicht, doch
15 nicht nur das – sie haben auch noch ein Gesicht vor der Maske!
So oft man diese Szenen liest oder im Theater wiedersieht, ver-
schlägt es einem den Atem. Mit wie wenigen und mit welch
wortkargen und scheinbar simplen Dialogen wird hier die
Wirklichkeit heraufbeschworen, ohne dass sie geschildert

würde! Und wie gewaltig ertönt die Anklage, obwohl und ge- 20
rade weil sie gar nicht erhoben wird! Nie vorher – und seitdem
nicht wieder – wurde in unserer Literatur mit ähnlichen Stil-
mitteln Ähnliches erreicht.

Erich Kästner: Büchner-Preis-Rede. In: Gesammelte Schriften. Band 5. Atrium
Verlag, Zürich 1959. Zitiert nach: Büchner-Preis-Reden 1951–1971. Reclam Ver-
lag, Stuttgart 1972, S. 54 f.

5 Elias Canetti: [Umsturz in der Literatur] (1972)

[...] In wie viel Menschen ist die Welt im „Woyzeck" aufge-
spalten! In „Dantons Tod" haben die Figuren noch viel zu viel
gemein, von einer hinreißenden Beredsamkeit sind sie alle,
und es ist keineswegs Danton allein, der Geist hat. Man mag
das damit zu erklären versuchen, dass es eine beredete Zeit ist, 5
und die Wortführer der Revolution, unter denen das Stück
spielt, sind schließlich alle durch den Gebrauch von Worten zu
Ansehen gekommen. [...]
    Keine zwei Jahre später ist Büchner mit dem „Woyzeck"
der vollkommenste Umsturz in der Literatur gelungen: die Ent- 10
deckung des Geringen. Diese Entdeckung setzt Erbarmen vor-
aus, aber nur wenn dieses Erbarmen verborgen bleibt, wenn
es stumm ist, wenn es sich nicht ausspricht, ist das Geringe in-
takt. Der Dichter, der sich mit seinen Gefühlen spreizt, der das
Geringe mit seinem Erbarmen öffentlich aufbläst, verunreinigt 15
und zerstört es. Von Stimmen und von den Worten der Anderen ist Woyzeck gehetzt, doch vom Dichter ist er unberührt geblieben. In dieser Keuschheit fürs Geringe ist bis zum heutigen
Tage niemand mit Büchner zu vergleichen.

Büchner-Preis-Reden 1972–1983. Mit einem Vorwort v. Herbert Heckmann.
Reclam Verlag, Stuttgart 1984, S. 19 f. u. S. 30.

6 George Tabori: [Shylocks Messer] (1992)

Woyzeck ist die beste Liebesgeschichte seit *Othello*, der Messerstich ist der verzweifelt-perverse Versuch, einen Leib zu penetrieren, um die Agonie des Mörders, seine Einsamkeit im Reich des Bösen, durch das Brüllen des Anderen zu überwin-
5 den. Das Messer, ein Ersatz-Geschlecht, kommt von einem Juden und erinnert mich unvermeidlich an Shylocks Messer, mit dem er auf dem Pfund Fleisch des Anderen besteht – in einem archaischen Männerwahn, in den Feind so tief einzudringen, bis er die Leidenschaft der Exklusivität spürt, das blu-
10 tige Bedürfnis, der Einzige zu sein.

Preisreden 1984–1994. Hrsg. von der Deutschen Akademie für Sprache und Dichtung. Reclam Verlag, Stuttgart 1994, S. 206.

7 Max Frisch: [Die Republik ist ausgerufen] (1958)

... Man fragt sich, was Georg Büchner wohl sagen möchte zur heutigen Gesellschaft.

„Friede den Hütten, Krieg den Palästen!"

– nun: Die Hütten sind rar geworden, das muß man sagen, we-
5 nigstens im Westen, und was er vielleicht für Paläste halten würde, gehört keinem Fürsten, sondern einem Trust, und Büchner würde staunen, wie er damals gestaunt hat:

„Überall freundliche Dörfer mit schönen Häusern, und dann, je mehr Ihr Euch Zürich nähert und gar am See hin, ein durch-
10 greifender Wohlstand... die Straßen laufen hier nicht voll Soldaten, Akzessisten und faulen Staatsdienern, man riskiert nicht von einer adligen Kutsche überfahren zu werden –."

Wir haben Georg Büchner zu melden: Die Republik, zu seiner Zeit noch ein gefährliches Wort, ist aufgerufen hüben und drü-
15 ben. Ein durchgreifender Wohlstand findet sich nicht nur, wenn

ihr euch Zürich nähert: die Sorge, von einer adligen Kutsche überfahren zu werden, ist unsere geringste, und zudem ist jedermann versichert. Der Kapitalismus kann es sich leisten, sozialer zu sein als seine Gegner, und die Unterdrückung ist ohne Willkür; kein Rechtsdenkender kommt heute ins Gefängnis, 20 und von Inquisition kann nicht die Rede sein, jedenfalls geht die Inquisition wo immer möglich nicht über Boykott hinaus; jedenfalls stellt uns niemand nach, wenn wir von Freiheit reden, im Gegenteil, wir sollen von unsrer Freiheit reden, je lauter, um so lieber, und wenn wir nicht von Freiheit reden, so 25 nur, weil die Regierungen selbst so viel davon reden, und in der Tat, nehmt alles nur in allem, wenigstens über Gott, wenn auch nicht über Atomwaffen, dürfen wir befinden, wie wir wollen – Georg Büchner würde staunen! Und doch, wieder unter uns Zeitgenossen gesprochen, fühlen wir uns kaum wohler als 30 sein Hauptmann: „'s ist so was Geschwindes draußen!" Man fühlt das Rasiermesser am Hals.
[...]

Max Frisch: Öffentlichkeit als Partner. Suhrkamp Verlag, Frankfurt/M. 1967.

V „Woyzeck" auf dem Theater

1 Uraufführung: 8. November 1913
„Woyzeck", ein Trauerspiel.
Münchner Residenztheater.

Regie: Eugen Kilian

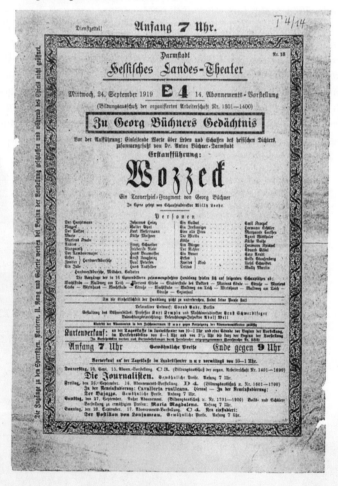

2 Alban Berg (1885–1935)
WOZZECK – Oper in 3 Akten op. 7 (1925)

Inhaltsangabe und musikalische Gestaltung		
Szenarium	Inhalt	Musikalische Formen
ERSTER AKT	WOZZECK UND DIE UMWELT (EXPOSITION)	FÜNF CHARAKTERSTÜCKE
1. Szene: Zimmer des Hauptmanns. Frühmorgens. Wozzeck und der Hauptmann. *Verwandlung*	Man erfährt einiges über Wozzeck: Er ist Soldat. Er Ist arm. Er lebt mit Marie. Sie haben ein Kind. Er muss verdienen. Er rasiert täglich, so auch heute, seinen Hauptmann.	„Der Hauptmann" Suite: Präludium, Pavane. 1. Kadenz (Viola solo), Gigue, 2. Kadenz (Kontrafagott solo), Gavotte – Double I/II, Air, Reprise des Präludiums im Krebsgang *Orchester-Nachspiel*
2. Szene: Freies Feld, die Stadt in der Ferne. Spätnachmittag. Wozzeck und Andres. *Verwandlung*	Wozzeck schneidet Weidenstöcke für seinen Hauptmann. Andres hilft ihm dabei. Man erfährt mehr über Wozzeck: Er hat Visionen. Er hat fixe Ideen. Er muss krank sein.	„Andres" Rhapsodie über drei Akkorde; dazu das dreistrophige Jägerlied des Andres *Orchester-Nachspiel und beginnende Militärmusik*
3. Szene: Mariens Stube. Abends. Marie, Margret, das Kind; später Wozzeck. *Verwandlung*	Marie steht in ihrer Stube am Fenster, draußen die Nachbarin Margret. Die „Musik" kommt. Marie erblickt den Tambourmajor zum ersten Mal. Sie winkt ihm zu. Margret beleidigt sie. Marie zieht sich mit dem Kind zurück und singt es in den Schlaf. Geistesabwesend, von Visionen verfolgt, kommt Wozzeck.	„Marie" Militärmarsch, Wiegenlied *Orchester-Überleitung*
4. Szene: Studierstube des Doktors. Sonniger Nachmittag. Wozzeck und der Doktor. *Verwandlung*	Man sieht, warum Wozzeck krank ist: In seiner freien Zeit geht er nicht zu Marie, zum Kind, er geht zum Doktor. Er lässt an sich experimentieren. Für drei Groschen am Tag.	„Der Doktor" Passacaglia (bzw. Chaconne): zwölftöniges Thema mit 21 Variationen *Orchester-Einleitung*

65

5. Szene: Straße vor Mariens Tür. Abenddämmerung. Marie und der Tambourmajor.	Marie ist viel allein. Der Tambourmajor steht vor der Tür. Das Drama beginnt.	„Der Tambourmajor" Andante affettuoso (quasi Rondo)

		Orchester-Nachspiel
4. Szene: Waldweg am Teich. Mondnacht. Wozzeck; später der Hauptmann und der Doktor. *Verwandlung*	Wozzeck stößt auf Mariens Leiche und findet das Messer. Er wirft das Messer in den Teich. Er geht dem Messer nach, geht in das Wasser. „Das Wasser ist Blut", sagt er. Er versinkt. Hauptmann und Doktor kommen auf dem Spaziergang vorbei, hören Ächzen, gehen weiter.	Invention über einen Sechsklang *Orchester-Epilog: Invention über eine Tonart (d-moll)*
5. Szene: Straße vor Mariens Tür. Heller Morgen, Sonnenschein. Mariens Knabe, Kinder.	Vor Mariens Haus spielen Kinder. Auch Mariens Junge spielt. Andere Kinder kommen und rufen ihm zu: „Du! Dein' Mutter ist tot!" Es ist eine Sensation. Sie müssen „'naus", „anschaun". Mariens Junge spielt weiter: „Hopp, hopp – hopp, hopp."	Invention über eine Achtelbewegung (Perpetuum mobile)

Begleitheft zur CD der Dt. Grammophon. Wien, Staatsoper 1987, Wiener Philharmoniker, Ch: Claudio Abbado. S. 20–22

3 Württembergisches Staatstheater Stuttgart 1975

Regie: Alfred Kirchner
Dramaturgie: Hermann Beil/Jürgen Flügge

„Woyzeck" – zweimal erzählt

Georg Büchners Woyzeck *2. Teil: „Wir arme Leut"*	*Georg Büchners Woyzeck* *1. Teil: „Ich riech, ich riech Blut"*

Die Geschichte des

gemeinen Soldaten Woyzeck, der von seinen Vorgesetzten gedemütigt wird, der sich des Verdienstes wegen als wissenschaftliche Versuchsperson missbrauchen lassen muss. Dieser

Franz Woyzeck,

der verhöhnt und gequält wird, der für seine Familie mühsam sorgt, dessen Weib untreu wird, dem das Leid als „Gewinst" gelehrt wird (all das in Büchners 3. und 4. Handschrift) – dieser Woyzeck fasst einen für sein Leben entscheidenden Entschluss. Welchen? Und was führt dazu? Um dies genauer zu erfahren, wird die Geschichte des Franz Woyzeck

zweimal erzählt.

Die Geschichte des

des Soldaten Woyzeck, der aus Eifersucht seine Geliebte Marie, die ihm untreu geworden ist, ermordet, ist nicht nur das Kriminalstück über

Franz Woyzeck,

es ist die Erkundung seiner existenziellen Situation, seiner Ängste, Träume, seines Alleinseins. Die traurige Geschichte eines Menschen, strikt gesehen aus seiner persönlichen Perspektive, konsequent beschrieben in Büchners 1. Handschrift. Zur „Innenansicht" des Falls Woyzeck gehört die „Außenansicht", die Frage nach den äußeren, sozialen Umständen. Deshalb wird die Geschichte vom Franz Woyzeck

zweimal erzählt.

Programmbuch 17, 18. 3. 1976. hg. v. Württ. Staatstheater Stuttgart Schauspiel, o. S.

Hermann Beil

[Ein Stoff aus zwei Perspektiven]
[Der Produktions-Dramaturg über das Stück:]

Vornotiz

Georg Büchners „Woyzeck" ist ein Fragment. Im Winter 1836/37, nach seiner Flucht in die Schweiz, schrieb Büchner die Woyzeck-Szenen. Das Drama blieb unvollendet. Erst 1879 erschien es, mühselig und fehlerhaft entziffert, als Druck, her-
5 ausgegeben von Karl Emil Franzos. Erst 1913 wurde es in München uraufgeführt. In den zwanziger Jahren gab Fritz Bergemann im Insel Verlag eine für die nächsten Jahrzehnte maßgebende Woyzeck-Ausgabe heraus, in der er jedoch eine Fassung konstruierte, die mit der Rasierszene Hauptmann –
10 Woyzeck begann und mit Woyzecks Tod durch Ertrinken endete, obwohl keine Szene auf Woyzecks Tod hindeutet. Zahlreiche andere Szenen verwies Bergemann in den Anhang unter dem Begriff „Paralipomena". Durch Bergemanns sicher verdienstvolle Ausgabe, jedoch den Woyzeck-Stoff einengende,
15 nach klassischen Bühnenkategorien konstruierte Fassung, war lange Zeit das Bild vom „Woyzeck" geprägt. Alban Bergs Oper (1925) mag an diesem geschlossenen, abgeschlossenen Bild auch mitgewirkt haben. Diese Fassung – im Gefolge auch andere, ähnliche – drängte den Stoff vom sozialen Drama zur
20 schicksalhaften Tragödie hinüber und machte Büchners ästhetischen Anspruch durch das Vorgeben einer zu Ende konstruierten Fabel rückgängig.

Neue kritische Ausgaben, vor allem Werner R. Lehmanns „Hamburger Ausgabe" und Egon Krauses „Woyzeck"-Ausga-
25 be haben in der letzten Zeit ein anderes Bild vom „Woyzeck"-Stoff vermittelt.

Büchners Fragment ist keine „Unvollendete", kein Stück, bei dem lediglich der Schluss fehlt. Auch gibt es keine Fassungen, die Büchner selbst etwa als Vor- oder Endstufe bezeichnet
30 hat. Büchners Fragment ist eine sehr komplexe Material-

sammlung zum Thema Woyzeck, d. h., zur Frage nach der De-
termination eines Menschen. Diese Materialsammlung, die
sich als beständiges Nachfragen, Nachbohren, Auskunden
liest, kann in vier verschiedene Szenengruppen eingeteilt werden. Die philologische Textkritik gliedert das Szenenmaterial in 35
die Handschriften h1, h2, h3 und H4.

Jeder Versuch Büchners Woyzeck-Fragment aufzuführen,
steht vor folgendem Problem: Welche Spielfassung stellt man
aus den verschiedenen Szenengruppen zusammen? Wie erhält
man die fragmentarische Struktur des Szenenmaterials? Wie 40
kann man sich also der Komplexität der „Woyzeck"-Geschich-
te nähern, ohne durch dramaturgische Konstruktionen die Viel-
falt und Widersprüchlichkeit zu glätten?

Büchners Handschriften einmal nicht als Entwicklungsstu-
fen gelesen, sondern als Ausbreiten eines Stoffs, heißt: Büch- 45
ners kühne, herausfordernde Sicht der „Woyzeck"-Geschichte
liegt u.a. gerade im Blick von verschiedenen Positionen auf
diesen Stoff. Die Handschriften (Szenengruppen) muten an wie
unterschiedliche Perspektiven, unter denen Büchner die Figur
Woyzeck, den Mord an Marie, die existenziellen und sozialen 50
Gründe herausarbeitet. In einer Situation, einer Geschichte, in
einer Figur stecken viele Fabeln, mehrere Möglichkeiten – diesen Eindruck vermitteln die vier Handschriften (Szenengruppen), [...]

Büchner, Dichter und Wissenschaftler, untersucht einen 55
Fall. Immer wieder geht er an den Fall heran [...] Welche ab-
schließende Antwort Büchner gefunden hätte, wissen wir
nicht. Begeht Woyzeck Selbstmord? Kommt er durch Unfall zu
Tode? Wird er verhaftet und abgeurteilt? Überwindet er seine
Mordgedanken? Nimmt er sein Schicksal an? Büchner hinter- 60
ließ ein Fragment, das allein liefert – fragmentarisch – Hinwei-
se. Das Fragment – ist es vielleicht die einzig angemessene
Form für seinen Stoff?

Die dramaturgische Methode, die Form dieses Fragments
zu realisieren und an den Fall Woyzeck möglichst nahe heran- 65
zukommen, ist für unseren Versuch deswegen nicht die Kon-

struktion nur *einer* Geschichte, sondern – hierbei philologische
Ergebnisse benützend, jedoch nicht beweisend – die Darstellung des Szenenmaterials als verschiedene, gegensätzliche
70 und sich ergänzende Versionen, Lesarten, Spielarten. Der Ei-
fersuchts- und Mordgeschichte (1. Teil), ganz auf die Figur
Woyzeck konzentriert, steht im 2. Teil die Darstellung des sozialen Umfelds, des äußeren Drucks, der permanenten, auch
75 öffentlichen Abrichtung des Woyzeck gegenüber.
    Die Geschichte des Franz Woyzeck zweimal erzählt: [...]
Ein Stoff aus zwei Perspektiven gesehen, eine Geschichte zweimal durchgespielt. Die Handlung konstruiert – diesmal – der
Zuschauer selbst.

Programmbuch 17, s.o.

4 „Woyzeck. Ein Fragment"

Wien: Burgtheater 1988/89
Inszenierung, Bühnenbild, Kostüm: Achim Freyer
Dramaturgie: Michael Eberth

Am Burgtheater gibt's einen „Woyzeck" als böses Puppenspiel
zu bestaunen. *Von Sigrid Löffler*

Hampelmann und Hampelfrau

[...] Hat Büchner das wirklich geschrieben? Beginnt „Woyzeck" wirklich mit einem Vor-
spiel im Zirkus und dem Vor-
5 führungsgeschrei eines Aus-
rufers? Und endet die Tragödie
wirklich mit einem Zirkus-
Nachspiel und mit wohligem
Moritatenschauder? Ausrufer:
10 „Ein guter Mord, ein ächter
Mord, ein schöner Mord, so
schön als man ihn nur verlangen tun kann wir haben schon
lange so keinen gehabt."
    Am Burgtheater hat Georg 15
Büchner zwei Ko-Autoren.
Achim Freyer, der Bühnenbild-
ner, Kostümdesigner, Regis-
seur und Maler, und Michael
Eberth, sein Dramaturg, haben 20
mit Büchners Worten ihr eige-
nes Stück geschrieben. „Für
diese Fassung wurde auf die
vier Entstehungsstufen des
Stücks zurückgegriffen", ge- 25
steht das Programmheft.

Mit Hanswurst und Froschkönig in einer Kinderschreckenswelt

„Zurückgegriffen" ist eine Untertreibung.

Freyer & Eberth haben aus den „Woyzeck"-Fragmenten, deren beabsichtigte dramatische Anordnung und deren Szenenfolge sich aus Büchners Handschriften ohnehin nicht eindeutig erschließen lassen, sowie aus den Skizzen, Entwürfen und Paralipomena ein neues Stück gefiltert.

Ganze neue Dialogpassagen sind entstanden, montiert aus den entlegensten Textstellen, die plötzlich ganz überraschend korrespondieren. Ein System geheimer Verweise und Schlüsselwörter tut sich auf, unerhörterweise: das Stück wird von seinen Code-Wörtern – Uhr, Rasiermesser, Blut – ganz neu in Gang gebracht.

An ihnen entzündet sich auch Achim Freyers bildnerische und szenographische Fantasie – der Mensch als Uhrwerk, als Automat, gesteuert von seiner Triebmechanik; Woyzeck, der „wie ein offnes Rasiermesser" durch die Welt läuft und seine Marie („Ich hätt lieber ei Messer in den Leib, als dei Hand auf meiner!") fürchterlich beim Wort nimmt; das Blut, das dem apoplektischen Hauptmann ganz buchstäblich zu Kopfe steigt und das dem hirnwütigen und vergeisterten Woyzeck als Blutmeer vor den Augen schwimmt, längst ehe er seiner Marie das Blutbad anrichtet.

Freyer denkt optisch, nicht analytisch. Die „Woyzeck"-Fragmente sind, nicht zuletzt

71

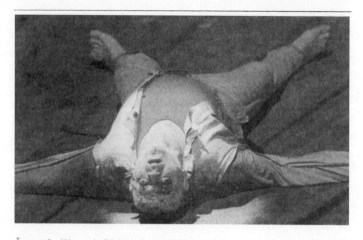

Ärzteopfer Woyzeck: Bildzitat frei nach Rembrandt

durch Alban Bergs Oper, kaum je anders denn als soziales Mitleids- und Rührstück gesehen worden, mit dem Soldaten Woyzeck als klassischem Opfer – als armer Prolet, als Versuchskaninchen für die Erbsendiät und andere Menschenexperimente des Doktors, als Inbegriff des um sein Weib und damit um alles betrogenen armen Tropfs. Ganz selten einmal – beispielsweise in der Regie Benjamin Korns vor fünf Jahren an den Münchner Kammerspielen – ist Woyzeck auch als Philosoph, als kritischer Kopf zu sehen gewesen: Peter Fitz war damals ein starker Woyzeck von schöner, melancholischer Männlichkeit.

Im Dilemma zwischen „Armer Teufel" oder „Heller Kopf", zwischen Vor-Expressionismus und Vor-Existenzialismus entscheidet sich Achim Freyer für ein Drittes – für ein böses Puppenspiel mit lauter armen Hanswürsten, Froschkönigen, Zinnsoldaten, Blechtrommeln mit Papiertschako, Steckenpferdreitern und all den bunten Getümen einer Kinderschreckenswelt. Der Zirkusdirektor vom Anfang hat die Verzwergungsabsicht dieser Inszenierung auf Puppentheaterformat schon signalisiert:

Fritz Hakl, der hauseigene Lili-
putaner des Burgtheaters, spielt
ihn.

„Woyzeck" als Panoptikum.
115 Die Idee ist nicht ohne Reiz.
Der Fragment-Charakter des
Stückes kommt solchem Vor-
zeige- und Ausstellungstheater
sehr entgegen. Auf dem Bret-
120 terpodest eines Commedia-
dell'arte-Spielbodens lässt sich
die Skizzenhaftigkeit der Büch-
nerschen Miniszenen auf neue
Art sinnfällig machen: Die
125 Löcher in der Geschichte sind
die Zwischenräume, die man
in einem Puppenspiel ganz
selbstverständlich mitdenkt
(und mit eigenen Fantasien
130 füllt). Situationen müssen

nicht eigens erfunden werden,
um die Beziehungsgeschich-
ten der Figuren auch dort psy-
chologisch zu begründen, wo
der Text fehlt. Die Puppen sind 135
ja alle vorhanden, sie stehen
und sitzen auf der Spielfläche
bereit – bei Bedarf kann man
sie in Betrieb nehmen.

Das ist meistens putzig und 140
macht sogar Sinn.

Da dreht sich beispielsweise
die feiste Hauptmann-Puppe –
mit roter Birne und mit den
Leibeswülsten eines Michelin- 150
Männchens – wie ein Ringel-
spiel um die eigene Achse. Im
Halbkreis, wie aufgezogen,
trippelt die Woyzeck-Puppe,
[...] 155

aus: profil, Nr. 18 vom 2. Mai 1989, S. 72

Skizze zu Bühnenbild und Kostümen

VI Woyzeck – Bilder

Szenenfoto aus Woyzeck 1979

Woyzeck (BRD 1979)

Regie und Drehbuch: Werner Herzog
Kamera: Jörg Schmidt-Reitwein/Michael Gast
Hauptdarsteller: Woyzeck: Klaus Kinski
Marie: Eva Mattes

Wozzeck. Ein Fragment. Mit Bildern
von Wilhelm Plünnecke, 1919

Alfred Hrdlicka, 1988

75

Zeittafel

Lebensdaten des Johann Christian Woyzeck

1780	Geburt als Sohn eines Perückenmachers.
1793–1798	Zwei Lehren bei Perückenmachern.
1798	Wanderschaft und Arbeitssuche.
April 1807	Woyzeck wird schwedischer Soldat.
1807–1818	Woyzeck ist Soldat verschiedener Militärmächte.
1810	Beziehungen zur „Wienbergin", die ein Kind von ihm hat.
Dezember 1818	Woyzeck kehrt nach Leipzig zurück. Gelegenheitsarbeiter, Bedienter, Bettler.
Februar 1819 – Juni 1820	Beziehungen zur „Woostin".
21. Juni 1821	Woyzeck ersticht die 46-jährige Johanna Christiane Woost.
September 1821	Erstes Gutachten des Hofrats Clarus.
Februar 1823	Zweites Gutachten des Hofrats Clarus.
27. August 1824	Öffentliche Hinrichtung Woyzecks auf dem Leipziger Marktplatz.
1825 und 1826	Veröffentlichung der beiden Clarus-Gutachten in Henkes Zeitschrift für Staatsarzneikunde.

Zu Leben und Werk Büchners

17. Oktober 1813	Geburt in Goddelau im Großherzogtum Hessen-Darmstadt als Sohn eines Landarztes.
1831	Aufnahme des Medizinstudiums an der Universität Straßburg. Kontakte zu der demokratischen Opposition gegen das „Bürgerkönigtum" Louis Philipps. Erlebt die Anfänge der sozialen und sozialistischen Bewegung (Lyoner Seidenweberaufstand; Gesellschaft der Menschenrechte; Saint-Simonismus).

Oktober 1833	Rückkehr nach Hessen wegen verpflichtender Beendigung des Studiums in Gießen.
März 1834	Büchner gründet den Geheimbund ‚Gesellschaft der Menschenrechte' (politische und militärische Schulung der beteiligten Studenten und Handwerker). Er verfasst die sozialrevolutionäre Flugschrift ‚Der Hessische Landbote'.
Februar 1835	Fertigstellung des Dramas ‚Dantons Tod'.
März 1835	Flucht nach Straßburg wegen behördlicher Nachstellungen.
Herbst 1835	Arbeit an der Novelle ‚Lenz'.
Frühsommer 1836	Das Lustspiel ‚Leonce und Lena' entsteht.
September 1836	Promotion an der Universität Zürich mit einer Arbeit über das Nervensystem der Fische. Angebot einer Privatdozentur für Physiologie und Anatomie.
Oktober 1836	Übersiedlung nach Zürich.
Seit September 1836	Arbeit an dem Drama ‚Woyzeck'.
19. Februar 1837	Büchner stirbt an Typhus.
1850	Der Bruder Ludwig Büchner gibt Georg Büchners Schriften als ‚Nachgelassene Schriften' heraus. Das ‚Woyzeck'-Fragment wird wegen „Unleserlichkeit" und „Zusammenhanglosigkeit" nicht aufgenommen.
1879	Karl Emil Franzos publiziert die ‚erste kritische Gesamt-Ausgabe'. Unter dem Titel ‚Wozzek' kann das Fragment aufgenommen werden, da durch eine chemikalische Behandlung der Handschriften ihre Lesbarkeit erreicht wurde. Die Szenenfolge des ‚Trauerspiel-Fragments' legt Franzos nach eigenem Ermessen fest..

Herbst 1913	Uraufführung des ‚Woyzeck' im Münchner Residenztheater.
1925	Uraufführung der Oper ‚Wozzek' von Alban Berg.
11. August 1923	Der Büchnerpreis wird zum ersten Mal als hessischer Kunstpreis verliehen.
1933–1944	Keine Verleihungen des Büchner-Preises.
1945	Neubegründung des Preises; seit 1951 bedeutendster überregionaler deutscher Literaturpreis.

Inhaltsverzeichnis

Bildquellenverzeichnis

S. 30: *Woyzecks Hinrichtung: Alfred Hrdlicka, Wien 1988*
S. 31: *Georg Büchner: Leben, Werk, Zeit. Jonas Verlag, Marburg 1985*
S. 32: *Stadtgeschichtliches Museum, Leipzig*
S. 34, oben: *Deutsches Literaturarchiv, Marbach*
S. 34, unten: *Stadtgeschichtliches Museum, Leipzig*
S. 45: *Hessisches Landesmuseum, Darmstadt*
S. 46: *Bildarchiv Preußischer Kulturbesitz, Berlin*
S. 64: *Hessische Landes- und Hochschulbibliothek, Darmstadt*
S. 71: *Österreichischer Bundestheaterverband,*
    Foto: Axel Zeininger
S. 72: *Monika Rittershaus, Berlin*
S. 73: *Kostüm- und Bühnenzeichnungen der Woyzeck-Aufführung*
    des Burgtheaters Wien
S. 74: *Deutsches Filminstitut - DIF, Frankfurt/M.*
S. 75, oben: *Die Deutsche Bücherei, Leipzig*
S. 75, unten: *Alfred Hrdlicka, Wien 1988*

Nicht in allen Fällen war es uns möglich, den uns bekannten Rechte-
inhaber ausfindig zu machen. Berechtigte Ansprüche werden selbstverständlich im Rahmen der üblichen Vereinbarungen abgegolten.